20 Jahre Mauerfall 1989-2009

AUFERSTANDEN IN ALTER PRACHT

Stadtansichten vor der Wende und heute

IMPRESSUM

© 2009 by

ZEITGEIST MEDIA GmbH
Niederkasseler Str. 2
40547 Düsseldorf
Tel. 0211-556255
Fax 0211-575167
Email info@zeitgeistmedia.de
www.zeitgeistmedia.de

Vertrieb
GeoCenter/Bertelsmann Distribution

Herausgeber
Hubert Bücken

Autoren
Thomas Allstedt
Andree Metzler

Redaktion
Inga Bereths

Schlussredaktion
Bernhard Schnüriger

Produktion
Marcus Eckhardt
eckXakt Mediengestaltung
Solingen

Druck
MohnMedia Gütersloh

Bildnachweis
Seite 160

Printed in Germany
ISBN 978-3-926224-44-6

INHALT

Die Münzstraße in Schwerin kurz nach der Wende

Liebe Leserin, lieber Leser,

wie unterschiedlich und vielfältig unsere Städte sind, zeigt sich dort am deutlichsten, wo wir auf historische Bausubstanz stoßen. Sie ist es, die den Städten ihren unverwechselbaren Charakter gibt. In Zeiten zunehmender globaler Verflechtungen droht vielen Orten der Verlust ihrer Individualität. Einheitliche Shoppingcenter prägen immer öfter das Bild unserer Innenstädte. Der Erhalt und die Sanierung von historischen Gebäuden, Straßen und Plätzen ist daher eine der wichtigsten Aufgaben des Städtebaus. Sie sind bedeutsame Zeugnisse unserer Geschichte und sie machen die Einmaligkeit eines Ortes aus. Durch sie werden Städte interessant und attraktiv und die Wohn- und Lebensqualität nachhaltig verbessert.

Viel zu oft sind historische Bauten in unseren Städten abgerissen oder aufgegeben worden – nicht nur nach den Zerstörungen des Zweiten Weltkriegs. In der DDR war der Wiederaufbau historischer Gebäude und der konsequente Einsatz für den Erhalt historisch wertvoller Bausubstanz eher die Ausnahme. Die historischen Zentren vieler Städte hatten darunter zu leiden.

Seit 1991 fördert der Bund die ostdeutschen Städte, die so ihre innerstädtischen Flächendenkmäler erhalten und für zukünftige Generationen bewahren können.

Dieses Buch belegt sehr eindrucksvoll die Erfolge des städtebaulichen Denkmalschutzes der vergangenen Jahre. Seit dem Fall der Mauer hat sich für die Stadtentwicklung in den neuen Ländern vieles zum Positiven gewendet. Besondere Einzelbauwerke, aber auch historische Stadtkerne konnten in den vergangenen knapp 20 Jahren buchstäblich vor dem Verfall gerettet und aufwendig restauriert werden. Damit haben viele Orte mit einer traditionsreichen Geschichte ihre Identität und Würde zurückerhalten und können sich heute ihren Besuchern einladend präsentieren.

Die „Stadtansichten vor und nach der Wende" zeigen bemerkenswerte Zeugnisse deutscher Baukultur aus ganz unterschiedlichen Epochen: liebevoll restaurierte Fachwerkhäuser, stolze Bürgerhäuser, Schlösser, Rathäuser und ganze Straßenzüge. Es sind lebendige Orte entstanden, die für Wohnen, Arbeit, Kultur und Freizeit attraktiv sind und Einwohner und Besucher gleichermaßen anziehen.

Ich wünsche Ihnen viel Freude bei der Lektüre dieses Buches. Bestimmt macht es Sie neugierig darauf, sich den einen oder anderen Ort in seiner wiedererstandenen Schönheit auch einmal im Original anzuschauen. Seien Sie herzlich willkommen!

Wolfgang Tiefensee
Bundesminister für Verkehr, Bau und Stadtentwicklung und Beauftragter der Bundesregierung für die neuen Bundesländer

DEUTSCHE STIFTUNG DENKMALSCHUTZ

„Wo Häuser verkommen, verkommen auch Menschen", lautete ein Transparent, mit dem in Wittenberg 1989 von der Bürgerinitiative Cranach-Höfe gegen den Verfall der Innenstadt demonstriert wurde. Der desolate Zustand vieler Baudenkmäler, Kirchen, Schlösser und ganzer Altstädte machte das Versagen des Staates offensichtlich und trieb die Menschen in Erfurt, Wittenberg, Potsdam, Leipzig, Schwerin und in vielen anderen Städten zum Protest. Der offensichtliche und dringende Bedarf an Unterstützung führte nach der Öffnung der Grenzen und der Wiedervereinigung nicht nur zu schnellen staatlichen Hilfsprogrammen, sondern auch zu einem bis dahin ungeahnten privaten Engagement bei der Wiederherstellung und dem Erhalt des gemeinsamen baulichen Erbes. Dass Kultur verbindet und gemeinsame Identität und Verantwortung schafft, lässt sich am bürgerschaftlichen Engagement für den Denkmalschutz im wiedervereinigten Deutschland eindrucksvoll belegen.

Für viele Orte und Bauwerke ist die Rettung buchstäblich fünf vor zwölf gekommen. Vielfach erscheinen uns heute wiederentdeckte und in ihrer einstigen Schönheit neu erstandene Denkmäler als kaum noch erhoffte kleine Wunder. Bauforscher, Restauratoren und Handwerker haben kostbare und kaum bekannte Baudetails wieder freigelegt und erlebbar gemacht. An lange brachliegenden und nur notdürftig reparierten Bauten haben sich nicht nur Fassaden und Dachlandschaften erhalten, sondern großartige Raumfassungen, Ausstattungen und Baudetails, die uns heute wieder einen unerwarteten Einblick in die Lebens- und Arbeitswelt früherer Generationen geben.

Wer mit offenen Augen durch die Städte und Ortschaften geht, wird vielerorts das stolze und selbstbewusste Wiedererstehen regionaltypischer, einzigartiger Architektur erkennen können. Sie prägt uns im Alltag, vermittelt Vertrautheit und Identität und gibt Halt und Wurzeln in unserer schnelllebigen Zeit. Nur wer die Vergangenheit kennt, kann die Gegenwart verstehen und die Zukunft gestalten. Damit ist Denkmalschutz nicht nur eine wichtige ästhetische Aufgabe, sondern ein echtes öffentliches Interesse, für das es sich lohnt, sich zu engagieren.

Der unermüdliche gemeinsame Einsatz von Vielen hat ein wohl einmaliges Aufbauwerk geschaffen. Zwar ist auch noch vielerorts Vieles zu tun, doch bietet ein Blick auf das bereits Erreichte wie in diesem Buch Motivation und Ansporn, in den gemeinsamen Anstrengungen nicht nachzulassen.

Gottfried Kiesow

Prof. Dr. Dr.-Ing. E.h. Gottfried Kiesow
(Vorstandsvorsitzender)

www.denkmalschutz.de
Spendenkonto:
Bank: Commerzbank Bonn BLZ: 380 400 07
Konto: 30 55555 00

40 JAHRE VERFALL –
20 JAHRE RESTAURIERUNG

In der DDR war nur ein Leben im Neubau „dem Sozialismus angemessen"

Deutschland nach dem Ende des Zweiten Weltkriegs, 1945. Wirtschaft und Infrastruktur sind zusammen gebrochen, die Städte zerbombt. Die Alliierten teilen das Land in vier Besatzungszonen. Das von der Sowjetunion kontrollierte Ostgebiet wird durch die erzwungenen Reparationsleistungen wirtschaftlich weiter stark geschwächt. Der Aufbau geht hier, im Gegensatz zu den westlichen Besatzungszonen, die vom Marshallplan profitieren, nur schleppend voran.

1950: Schloss weg

Unter diesen Voraussetzungen wird am 7. Oktober 1949 die DDR gegründet. Die neue Staatsführung nimmt schnell den Aufbau der „ersten sozialistischen Gesellschaft auf deutschem Boden" in Angriff. Dazu gehört, die Städte nach sozialistischem Vorbild umzubauen. Das erste Projekt der hehren Umgestaltungsvorhaben ist auch bald gefunden: Auf Beschluss von Walter Ulbricht, dem ersten Generalsekretär des Zentralkomitees der SED, muss das Berliner Stadtschloss als Symbol des verhassten preußischen Absolutismus weichen. Ende 1950 wird die Schlossanlage gesprengt und abgetragen. Der an dieser Stelle neu geschaffene Marx-Engels-Platz mit Tribüne dient der Staatsführung fortan als großer Aufmarsch- und Demonstrationsplatz. 25 Jahre später entsteht hier der „Palast der Republik".

1961: Mauerbau

Anfang der 50er Jahre beginnt dann der Wiederaufbau in einigen ausgewählten „Aufbaustädten" wie Berlin, Karl-Marx-Stadt (Chemnitz), Rostock. Die Städte sollen eine sowjetische Prägung bekommen. In Berlin werden nach stalinistischem Vorbild die „Zuckerbäckerbauten" in der Stalinallee, der heutigen Karl-Marx-Allee, errichtet. Die Eigentumsverhältnisse werden für die großflächigen Neubebauungen völlig ignoriert. Die Rechtsgrundlage für diese Enteignungen liefert das „Aufbaugesetz" der Volkskammer von 1950.

Ab 1953 wandeln sich die städtebaulichen Vorstellungen der SED-Führung. Walter Ulbricht rückt nach dem Tod Stalins vom „Zuckerbäckerstil" ab und fördert den „industrialisierten Wohnungsbau". Der V. Parteitag der SED im Jahre 1958 fasst einen Beschluss über „Die Grundsätze der Planung und Gestaltung sozialistischer Stadtzentren". Die historischen Stadtstrukturen des Mittelalters und der Gründerzeit werden missachtet, viele Stadtzentren in „industrieller Großplattenbauweise" bebaut. Die Unzufriedenheit in der Bevölkerung wächst, immer mehr Menschen wandern „in den Westen" ab, bis die DDR-Führung 1961 die Berliner Bauarbeiter zu einer besonderen Arbeit verpflichtet: Sie müssen ihr Volk einmauern. Am 13. August 1961 wird die Grenzen nach Westberlin abgeriegelt.

Im September 1950 lässt die DDR-Führung das Berliner Stadtschloss sprengen, um einen Aufmarschplatz zu schaffen

1970: Industrieller Plattenbau

Zum Ende der 60er Jahre sind die gröbsten Kriegsschäden in der DDR beseitigt, die Wirtschaft stabilisiert und die Grundversorgung der Bevölkerung gesichert. Brot und andere Grundnahrungsmittel sind extrem billig, werden vom Staat subventioniert. Auch die Mieten sind niedrig. Die SED-Führung ist stolz auf ihr aus den 30er Jahren eingefrorenes Mietpreisniveau. So kostet ein Quadratmeter im Durchschnitt eine DDR-Mark. Dafür können keine Häuser erhalten, geschweige denn auf modernen Standard gebracht werden. Etagentoiletten oder gar das Häuschen mit dem Herzen in der Tür sind in vielen Altbau-Gebieten noch Standard. Natürlich sind die modernen Plattenbau-Wohnungen da die begehrte Alternative.

Erich Honecker, seit 1971 Nachfolger von Walter Ulbricht, lenkt sein Augenmerk auf eine Verbesserung der sozialen Verhältnisse und des allgemeinen Lebensniveaus. Auf der 10. Tagung des Zentralkomitees der SED im Oktober 1973 wird ein umfangreiches Wohnungsbauprogramm beschlossen. Unter dem Motto: „Bis 1980 jedem eine Wohnung – bis 1990 jedem seine Wohnung!" soll das Programm die Wohnungsnot als dringendes sozialistisches Problem beseitigen.

Das ehrgeizige Wohnungsbauprogramm sieht anfangs noch den Neubau von Wohnungen gleichrangig mit der Instandsetzung und Sanierung der bestehenden Altbausubstanzen vor. Bald jedoch verschiebt sich die Planung stark in Richtung Neubau. Die Plattenbauweise setzt sich mehr und mehr durch. Und das nicht ohne Grund. Zum einen ist der industrielle (Platten-)Neubau schneller und günstiger, zum anderen hat die offizielle Baupolitik der DDR ein grundsätzlich gespanntes Verhältnis zur „historisch überkommenen Bausubstanz". Altbaugebiete werden generell als minderwertig und nur wenig erhaltenswert angesehen. Nur ein Leben im Neubau gilt als „dem Sozialismus angemessen" – eine Meinung, die viele junge Leute übernehmen. Die Altbausubstanz in den Städten ist zu diesem Zeitpunkt meist schon in einem äußerst beklagenswerten Zustand. Fast gar nichts wird in Schlösser oder Kirchen investiert. Viele werden benutzt, solange Dach und Mauern einigermaßen halten, danach dem Verfall überlassen.

1975: Denkmalschutz

Erst anlässlich des Internationalen Jahres des Denkmalschutzes 1975 besinnt sich die DDR-Führung auf die Qualitäten einer über Jahrhunderte gewachsenen Stadt. Das „Gesetz zur Erhaltung der Denkmale der DDR" rettet einige wichtige Kulturgüter, wie zum Beispiel den Greifswalder Dom oder die Semperoper in Dresden. Der Erhalt dieser Bauwerke wird später staatspolitisch wirksam benutzt, um die Bemühungen der Staatsführung um internationale Anerkennung in der Welt zu unterstützen. Daneben verfallen jedoch in den historischen Stadtkernen ganze Straßenzeilen. Die dringenden Sanierungen können nicht geleistet werden.

Das liegt zum einen an den niedrigen Mietpreisen, die Investitionen in die marode Bausubstanz nicht tragen können. Auf der anderen Seite fehlt es für eine wirkungsvolle Sanierung aber auch an Material und Personal. Baumärkte für Heimwerker gibt es nicht. Man braucht Bezugsscheine und Beziehungen, um an Baumaterial oder einen Bautrupp zu kommen. Die wenigen Kapazitäten werden stattdessen in Prestigevorhaben gebündelt. Beim Bauprogramm zur 750-Jahrfeier Berlins im Jahre 1987 werden Baustoffe und Handwerker aus allen Teilen der DDR nach Berlin abgezogen. So entsteht unweit des Roten Rathauses das Ni-

kolaiviertel mit historischen Versatzstücken als „neue" Altstadt.

Die verfehlte Baupolitik der DDR-Machthaber führt Ende der 80er Jahre zur Gründung zahlreicher Bürgerinitiativen, die um den Erhalt der Innenstädte kämpfen. Diese Gruppen werden von den Machthabern als politische Opposition angesehen und auch als solche behandelt. Trotzdem gelingt es einigen dieser Initiativen, auf die Missstände in ihren Stadtteilen, wie der Schelfstadt in Schwerin, der Rykestraße in Berlin oder dem Andreasviertel in Erfurt, aufmerksam zu machen. Zahlreiche Häuser, ja ganze Viertel, für die Abrissbeschlüsse vorliegen, bleiben erhalten.

1989: Wende

Die politische Wende im Herbst 1989 rettet viele historische Gebäude sprichwörtlich in letzter Sekunde vor dem Untergang. Die beiden deutschen Staaten vereinbaren im Rahmen des „Seiters-Modrow-Abkommens" unverzüglich Sanierungs- und Förderprogramme. Eine dieser Maßnahmen ist ein deutsch-deutscher Devisen-Umtausch-Fonds. DDR-Bürgern wird die Möglichkeit gegeben, für Reisen ins westliche Ausland DDR-Mark in D-Mark umzutauschen. Die Bundesregierung stellt dafür drei Milliarden D-Mark zur Verfügung. Die eingetauschten DDR-Mark werden als Fördermittel für die dringenden Sanierungsmaßnahmen in den ostdeutschen Städten und Gemeinden verwendet. Bis zur Währungsunion im Sommer 1990 werden so aus dem Devisen-Umtausch-Fonds 800 Millionen DDR-Mark als Aufbau-Investitionen bereitgestellt.

1990: Aufbau

Im Frühjahr 1990 startet zudem ein Modellstadtprogramm. Stralsund, Brandenburg, Halberstadt, Meißen und Weimar sind Musterstädte der geplanten Stadterneuerung. Das Programm wird aus dem Bundeshaushalt mit einer Soforthilfe von 25 Millionen DM unterstützt.

▲ Viele historische Stadtteile sind
in den Achtziger Jahren abbruchreif –
wie die Weiße Gasse im Erfurter Andreasviertel

Auch in den verfallenen Altstadthäusern
von Görlitz will und kann 1988 niemand mehr
wohnen. Heute sind die Gebäude saniert ▼

Am 3. Oktober 1990 treten die „neuen" Bundesländer Mecklenburg-Vorpommern, Brandenburg, Sachsen-Anhalt, Sachsen und Thüringen sowie der Ostteil von Berlin der Bundesrepublik bei. Fast gleichzeitig wird auf alle Einkommen ein 7,5 prozentiger „Solidaritätszuschlag" erhoben, der zunächst als Aufbauhilfe geplant ist. Seit 1995 beträgt er 5,5 %, wird in Ost und West berechnet und fließt in den „großen Topf" Bundeshaushalt ein. Das Vorurteil, dass damit östliche Städte saniert werden, während im Westen die Straßen verkommen, stimmt nicht – der „Soli" ist nicht zweckgebunden.

Anfang 1991 wird ein weiteres Aufbau-Programm ins Leben gerufen. Das Sonder-Förderinstrument „Städtebaulicher Denkmalschutz" unterstützt den Erhalt besonders wertvoller historischer Stadtkerne in den neuen Bundesländern. Als Starthilfe stellt die Bundesregierung 200 Millionen DM bereit. Bund und Länder beteiligen sich fortan mit jeweils

40 Prozent an den Kosten der Altstadterneuerungen, die Kommunen finanzieren 20 Prozent. Annähernd zwei Milliarden Euro hat der Bund bislang für das Programm „Städtebaulicher Denkmalschutz" in etwa 170 Städten investiert.

Initiativen

Erheblichen Anteil am Erhalt historischer Gebäude in den neuen Bundesländern hat die Deutsche Stiftung Denkmalschutz. Sie ist erst vier Jahre vor dem Mauerfall gegründet worden. Mit der Vereinigung der beiden deutschen Staaten kommt ab 1992 eine Riesenaufgabe auf die Stiftung zu. Viele hundert Kulturdenkmäler stehen vor dem Zerfall. Ein Gremium entscheidet, welche historischen Bauwerke am dringendsten saniert werden müssen.

Natürlich darf keinesfalls vergessen werden, dass jenseits aller öffentlichen Förderung vor allem private Initiative die meisten Häuser gerettet hat.

Schule in Wittenberg: Im Plattenbau entstanden Häuser schnell und günstig – aber im langweiligen Einheitslook

Viele Bürger der DDR haben den Verfall der historischen Städte und Bauwerke mit Sorgen und Wut beobachtet. Als sie nach der Wende die Möglichkeit haben, wird investiert, restauriert, aufgebaut. Und sehr schnell setzt ein Umdenken in breiten Bevölkerungskreisen ein – die historischen, kaum bewohnten Stadtkerne, über Jahrzehnte hinweg von vielen Menschen nicht beachtet, werden wieder zum Mittelpunkt des städtischen Lebens und begehrte Wohnlagen. Immer schwieriger dagegen wird es, die Plattenbau-Wohnungen zu vermieten. Viele Blöcke verschwinden, andere werden ansehnlicher und zeitgemäß umgebaut.

Zwanzig Jahre nach der Wende gelten etwa zwei Drittel der alten Bausubstanz als gerettet, ein Drittel bedarf noch der Sanierung.

Zu diesem Buch

Marktplätze, Kirchen, Schlösser, einzelne Häuser – auf den folgenden Seiten ist dokumentiert, wie marode viele historische Bauwerke in der damaligen DDR zur Wendezeit waren.

Es sind etwa 70 Beispiele von vielen tausend möglichen, quer durch die damalige Republik. Farbfilme waren in der DDR relativ teuer, deshalb sind die „alten" Bilder leider häufig Schwarzweiß-Fotos. Sie wurden mit Absicht nicht nachcoloriert, um die Authentizität zu wahren.

Dieses Buch will die DDR nicht verteufeln. Das System hatte sicher auch seine positiven Aspekte. Aber die Schattenseiten einer zentral gelenkten Wirtschafts- und Baupolitik sollten nicht vergessen werden. Das Buch soll Erinnerungen wach halten und der jungen Generation zeigen, wie es damals in weiten Teilen unseres Landes ausgesehen hat.

Neue Zeit: Die Wittenberger Plattenbau-Schule erhielt eine Schönheitskur des Wiener Künstlers Hundertwasser

ARNSTADT UNTERGASSE
Älteste Stadt

Besucht man das kleine, in Mitteldeutschland gelegene Arnstadt, kann man dem Charme der Stadt kaum widerstehen. Ein Spaziergang offenbart prächtige Renaissancebauten und eindrucksvolle sakrale Bauwerke wie die Bachkirche, benannt nach Johann Sebastian Bach, dem „lieben Gott der Musik", wie Debussy ihn nannte. Von 1703 bis 1707 wirkte der große Komponist als Kantor und Organist in diesem Gotteshaus.

Arnstadt blickt auf eine 1300-jährige Geschichte zurück. Die erste urkundliche Erwähnung der spä-

Kurz nach der Wende: Die verfallenen Häuser in der Untergasse stehen leer und werden notdürftig vor dem Einsturz bewahrt

teren Residenzstadt am Fuße des Thüringer Waldes fand im Jahre 704 statt. Seit 1266 genießt Arnstadt das Stadtrecht, und damit gilt sie als die älteste Stadt Thüringens. Zu Zeiten der DDR wurde Arnstadt als älteste Stadt der DDR bezeichnet.

Zum typischen Stadtbild gehören die mittelalterlichen Gassen. Die Untergasse liegt im Konventviertel. Der Konvent – der Wohnbereich eines Klosters – wurde im Jahre 1309 gegründet und bot Nonnen eine Heimstatt. Die nahe gelegene Liebfrauenkirche diente als Klosterkirche. Lange Zeit bewohnten die Nonnen die schmalen Gassen

am Fuße der Kirche. 1533 wurde das Nonnenkloster aufgelöst.

In den Jahren der DDR verfiel die Untergasse fast vollständig. Erst nach der Wende konnte das jahrhundertealte Viertel saniert werden und in neuem Glanz erstrahlen. Inzwischen gilt das Konventviertel als attraktives Wohngebiet.

*Heute macht es Spaß, durch die Untergasse
Richtung Liebfrauenkirche zu bummeln*

JENA JOHANNISSTRASSE
Carl sei Dank

Unter den Städten in den neuen Bundesländern hat Jena einen besonderen Status. Der – nach Erfurt – zweitgrößten Stadt Thüringens (102.000 Einwohner) ist der Wechsel von der Industriestadt zum Wissenschaftszentrum gelungen. Die Arbeits-losigkeit ist deutlich niedriger als in anderen Regionen.

Seit über 160 Jahren bestimmen die Zeiss-Werke als führendes Unternehmen der Optik- und Fein-

Schon Ende der 1970er-Jahre waren viele Häuser in der historischen Johannisstraße baufällig

mechanikindustrie die Entwicklung der Stadt. Der Name des Gründers hatte weltweit einen so guten Klang, dass die DDR ihn beibehielt, als sie den Konzern in „Kombinat Carl Zeiss" umbenannte. Es war mit 60.000 Mitarbeitern der größte Betrieb der DDR. Heute beschäftigt das wirtschaftlich gesunde Werk noch etwa 1.800 Mitarbeiter in Jena.

Jenas Stadtbild teilte das Schicksal aller DDR-Städte: Der historische Stadtkern wurde vernachlässigt, alle Baumaßnahmen konzentrierten sich auf gesichtslose Neubausiedlungen. Der Eichplatz in der Innenstadt wurde niedergerissen, hier entstand der Neubau der Universität. Der „JenTower" ist heute das höchste Bürogebäude der neuen Länder.

Die unmittelbar benachbarte Johannisstraße blieb vom Abriss bis zur Wende verschont und wurde dann, wie alle Straßen rund um den historischen Markt, zur Fußgänger- und Einkaufszone. Auch die am Ende der Straße gelegene Stadtkirche St. Michael erhielt ihre Renaissancehaube zurück und wurde grundlegend restauriert.

2008: Läden, Cafés, neue Bäume – und auch der Turm der 750 Jahre alten Stadtkirche St. Michael hat sein Dach zurück

JENA ACCOUCHIERHAUS

Neugeboren

Accouchierhäuser wurden im 18. Jahrhundert als Entbindungsstationen eingerichtet – fast immer im Umfeld einer Universität. Hier konnten Frauen aus ärmeren sozialen Schichten kostenlos und medizinisch betreut ihre Kinder zur Welt bringen.

Allerdings waren sie zugleich Übungsobjekte für angehende Hebammen und Ärzte.

Auch in der Altstadt von Jena steht ein solches Haus auf dem Universitätsgelände. Es ist über

1989: Die Turmhaube ist längst abgetragen, Betonpfeiler sollen den Einsturz des Hauses verhindern

500 Jahre alt. 1778 wurde es von der Stadt für 237 Reichstaler erworben und mit acht Betten ausgestattet. Viele hundert Jenaer Kinder haben hier das Licht der Welt erblickt, ehe 1830 eine Landesklinik mit Geburtsstation errichtet wurde. Das alte Accouchierhaus diente der Stadt fortan als Verwaltungsgebäude.

Nach 1945 wurden einige Familien einquartiert. Sie blieben wohnen – obwohl das Haus mehr und mehr einsturzgefährdet war. In den 1970er-Jahren musste die große Turmhaube abgetragen

werden, da das Dach unter ihrem Gewicht zusammenzubrechen drohte. Der endgültige Einsturz des historisch wertvollen Hauses – es ist das älteste erhaltene Universitätsinstitut Mitteleuropas – schien nur eine Frage der Zeit.

Drei Jahre lang, von 2000 bis 2003, umgaben Gerüste das Bauwerk. Man bemühte sich sogar, Raumstrukturen aus der Bauepoche des 16. Jahrhunderts zu rekonstruieren. Das Gebäude erhielt seine Turmhaube zurück, einen fröhlichen Anstrich – und auch seine Funktion als Universitätsinstitut.

*Wahrscheinlich hat es niemals so schön
und freundlich ausgesehen wie nach 2003*

WEIMAR MARKT

40 Jahre Rasen

Weimar, die Stadt Goethes und Schillers, war eine der schönsten deutschen Städte. Am 9. Februar 1945 zerstörten Bomber einen großen Teil der Innenstadt. Die Nordseite des historischen Markt-platzes wurde so stark getroffen, dass die Ruinen abgerissen wurden. 40 Jahre lang dämmerte hier eine Rasenfläche vor sich hin – mitten im Zentrum der historisch so bedeutenden Stadt.

Kurz vor der Wende beschloss die Stadt, die Rasenfläche am Markt wieder zu bebauen – 41 Jahre nach der Bombardierung

Die Verwaltung ließ Beete anlegen und Bänke aufstellen, sodass der Platz ein beliebter Bürgertreff wurde. Aber der Neptunbrunnen am Marktplatz wirkte stets ein bisschen verloren vor der großen Grünfläche.

Erst nach langen Diskussionen fasste 1986 der Rat der Stadt den Beschluss, die Häuserreihe wieder zu errichten. Zwei Jahre später wurde der erste Spatenstich getan. Mitten hinein in die begonnenen Bauarbeiten platzte die Wende. Die plötzlich fließenden Mittel beschleunigten den Bau. 1993 war die Häuserzeile fertiggestellt. Leider erhielten nur einige Häuser ihre rekonstruierten Renaissancefassaden zurück. Im selben Jahr beschlossen die Kulturminister der EU, Weimar für das Jahr 1999 zur Kulturhauptstadt Europas zu ernennen.

Seit 1993 sind die Häuserreihen rund um den Platz und um den Neptunbrunnen wieder geschlossen

TRIPTIS RUNDSCHLOSS OBERPÖLLNITZ
Zum Plündern freigegeben

So etwas gibt es in ganz Thüringen nicht noch mal: ein Schloss mit fast kreisrundem Grundriss. Die einmalige Architektur hat die Deutsche Stiftung Denkmalschutz dazu bewogen, die Ruine Anfang der 1990er-Jahre vor dem endgültigen Einsturz zu retten.

Der 650 Jahre alte Bau, im 16. Jahrhundet zu einem prachtvollen Renaissanceschloss umgebaut, war in einem erbarmungswürdigen Zustand. Das Schloss, mitten im Ortsteil Oberpöllnitz gelegen, hatte einst den Freiherren von Pöllnitz als Herrensitz gedient. Nach Kriegsende fanden im unzerstörten

*1990 waren einige Außenmauern des runden Schlosses
bis in den Kellerbereich zusammengebrochen*

Schloss zunächst Umsiedler eine erste Zuflucht. Gepflegt und repariert wurde fast nichts – in den 1970er-Jahren musste das Gebäude gesperrt werden. Der Ortspfarrer verhinderte die Sprengung des maroden Schlosses. Es wurde zur Plünderung freigegeben – die Bevölkerung transportierte ab, was irgendwie noch zu verwenden war.

Die Stiftung Denkmalschutz: „In den frühen 1990er-Jahren zeigte sich die Anlage zu annähernd 90 Prozent zerstört." Sie erhörte die Bitte des thüringischen Landeskonservators, das einzigartige Bauwerk zu sichern. Mit 770.000 Euro wurden Wände und Decken gestützt, der Treppenturm restauriert und die Dächer neu eingedeckt. Derzeit wartet das gerettete historische Kleinod auf eine neue Verwendung.

Die Wände stehen wieder, es gibt ein neues Dach, neue Fenster, einen restaurierten Schlossturm im Innenhof

SONNEBERG KRANKENHAUS
Neue Betten

Die medizinische Versorgung der Bevölkerung war in der DDR gesichert. Es gab gute Ärzte, gutes Pflegepersonal. Geld fehlte allerdings auch in diesem Bereich an allen Ecken und Enden.

Viele Kliniken hatten zwar zeitgemäße medizinische Geräte, die Unterbringung der Patienten erinnerte aber oft an Vorkriegsstandards. Mehrbettzimmer und Stationstoiletten waren die Regel.

Maroder Zweckbau: die Klinik Mitte der 1990er-Jahre. Da war das Gebäude 70 Jahre alt

Eine der größten Kliniken Thüringens, das Krankenhaus von Sonneberg, ist weit über 100 Jahre alt. Das fotografierte Gebäude wurde 1927 errichtet und im Laufe der Jahrzehnte mehrfach erweitert. Um die Wendezeit präsentierte es sich als schmuckloser Zweckbau. Die Heizung wurde mit Braunkohle betrieben, die Elektro- und Wasserleitungen waren marode, fantasievolle Improvisation stand hoch im Kurs. Vieles sprach Anfang der 1990er-Jahre, nach der Wende, für den Abriss der Klinik.

Sie steht noch – dank umfangreicher Fördermittel. 65 Millionen Euro investierten Land, Kreis und Klinik in die Neugestaltung des hochmodernen Gesundheitszentrums. Die Fassade aus den 1920er-Jahren wurde zwar rekonstruiert, ansonsten aber ist alles nach modernsten Standards um- und neugebaut worden.

Heute ist die Klinik, zu der vier Neubaukomplexe gehören, der größte Arbeitgeber des Landkreises

ERFURT ALLERHEILIGENSTRASSE

Gerettete Altstadt

Die thüringische Hauptstadt Erfurt hat wieder einen sehr schönen mittelalterlichen Altstadtkern. Leider wurden in den 1960er- und 1970er-Jahren ganze Quartiere abgebrochen und durch teilweise 120 Meter lange Plattenbaublöcke ersetzt. Andere historische Straßenzüge wurden zwar vernachlässigt, aber zum Glück nicht weggerissen.

1986 hat die Allerheiligenstraße mit ihren maroden Häusern geradezu etwas Mystisches.
Die Allerheiligenkirche am Markt versinkt im Herbstnebel

Die Allerheiligenstraße galt mal als Ausgehstraße für die Erfurter, hier standen einige beliebte Gasthöfe. Zur Wendezeit war sie zu einer verlassenen Gasse verkommen, in die sich nur wenige Besucher verirrten, zumal die alten Häuser öfter lose Dachziegel und Stuckelemente abwarfen.

Seit der Wende denkt niemand mehr an den Abriss der verbliebenen Altstadtstraßen. Fast alle Häuser sind saniert oder im alten Stil neu erbaut. Auch die Allerheiligenstraße hat ihre graubraune Tristheit verloren, ist eine beliebte Wohnstraße in der City, mit einigen netten Läden und einem kleinen Hotel. Erfurts Altstadt gilt nach der Restaurierung wieder als eine der schönsten in Deutschland.

Wie das gesamte Altstadtviertel zeigt sich die Allerheiligenstraße liebevoll saniert. Das „Haus zum Sternberg" (r.) wurde bereits 1537 erbaut

ERFURT OPTIMA-WERK
Von der Gewehrfabrik zum Nobelviertel

Wenn Steine reden könnten, dann würde dieser Komplex jede Menge Geschichtsunterricht vermitteln. 1862 entstand im Erfurter Stadtteil Brühl die „Königlich Preußische Gewehrfabrik". Nach dem Ersten Weltkrieg wurde die Produktion von Flinten durch den Versailler Vertrag untersagt.

Man stellte um auf Schreibmaschinen, nannte sich seit 1936 nach einem besonders erfolgreichen Modell „Olympia Büromaschinenwerk AG Erfurt".

Nach dem Zweiten Weltkrieg verlor das Werk einen Namensstreit mit den Olympia-Werken im

Über 6.000 Menschen produzierten in der trostlosen ehemaligen Gewehrfabrik Schreibmaschinen

westdeutschen Wilhelmshaven. Es produzierte die Schreibmaschinen seither unter dem Namen Optima. Bis zur Wende waren stets 6.000 bis 7.000 Menschen im Werk beschäftigt.

Wie in vielen anderen Fällen gelang es der Treuhand nicht, das Unternehmen zu privatisieren. Es wurde schließlich von einigen leitenden Angestellten übernommen, die mit 250 Mitarbeitern bis 1999 weiter produzierten, dann aber Konkurs anmeldeten.

Trotz der erfolgreichen Produktion war das Fabrikgebäude in den 40 Jahren DDR in einen er-

barmungswürdigen Zustand verfallen. Das Viertel Brühl, unmittelbar hinter dem Dom gelegen, war abgesperrtes Industrieareal, für Besucher nicht zugänglich. Seit Mitte der 1990er-Jahre wurde die ehemalige Gewehrfabrik zusammen mit anderen Gebäuden zu einem modernen Wohn- und Bürokomplex umgestaltet. Dabei blieb der Fassadenstil erhalten. Heute lockt hier das Hotel „Pullman am Dom", das neue Theater, Läden und Arztpraxen – und 50.000 Quadratmeter begehrter Wohnraum.

Die Fassade blieb erhalten. Wohnungen, Büros und ein Theater entstanden auf dem ehemaligen Industrieareal

ILMENAU MARKTSTRASSE
Goethes Wanderparadies

„Anmutig Tal, du immergrüner Hain", so hat Goethe 1783 die Lage des Städtchens am Fuße der Berge poetisch beschrieben. Stadt und Landschaft inspirierten den Dichter damals zu zahlreichen Werken. Insgesamt weilte Johann Wolfgang von Goethe 28 Mal in Ilmenau und Umgebung.

Ilmenau, die Goethe- und Universitätsstadt, liegt malerisch am Nordhang des Thüringer Waldes.

Durch Bergbau, Porzellanherstellung und Glaskunst erlebte die Stadt eine Entwicklung mit historischer Tradition.

Typische Tristesse einer DDR-Kleinstadt:
die Marktstraße mit der Stadtkirche St. Jakobus

Zu DDR-Zeiten wurde in Ilmenau die Produktion von technischen Gläsern und Haushaltsporzellan in Großbetrieben konzentriert. Die Bevölkerungszahl wuchs, und so blieb auch Ilmenau nicht von der typischen Plattenbauarchitektur verschont. Graue und abblätternde Fassaden, holprige Straßen und Gehwege, Oberlandleitungen quer über die Straßen charakterisierten hingegen die Altstadt, wie überall in der DDR. Nur das Notwendigste wurde erhalten. Die Luft aus den Braunkohleheizungen lag schwer und schmutzig über den Straßen.

Nach der Wende wurde die historische Altstadt aufwendig saniert. Als eine der Ersten bekam die Marktstraße wieder farbige Fassaden. Sie wurde neu gepflastert, mit Bäumen bepflanzt, die Leitungen verschwanden im Erdreich.

Ilmenau mausert sich wieder zum Wanderparadies. Der Besucher der Stadt kann den Spuren Goethes folgen und die Natur auf dem „Goethewanderweg" erleben.

Statt hässlicher Telefonmasten zieren wieder Bäume die neu gepflasterte Straße mit den freundlich getünchten Fassaden

SONDERSHAUSEN GOTTSCHALCKSCHES HAUS

Stadtpalais

Die Gottschalcks waren eine einflussreiche Beamtenfamilie im einstigen Fürstentum Schwarzburg-Sondershausen. Entsprechend repräsentativ war ihr Stadtpalais in der Langen Straße 34, das sie auf einem mittelalterlichen Kellerfundament errichteten und 1776 bezogen. Von 1867 bis 1870 wohnte der Komponist Max Bruch in dem reprä-

sentativen, palaisartigen Gebäude im Stil des Spätbarock. Es steht im Zentrum der Residenzstadt Sondershausen.

Weder die solide Bauweise noch die Tradition noch der prominente frühere Bewohner schützten das Palais in der DDR vor dem Verfall. Nach

*Die baufällige Ruine in der Langen Straße wurde
1992 notdürftig gegen den Einsturz gesichert*

dem Krieg fanden Ausgebombte und Vertriebene hier eine erste Bleibe. Zeitweise sollte es als „Klubhaus der Bauarbeiter" von Sondershausen dienen. Aber ihnen blieb Mitte der 1970er-Jahre nichts anderes übrig, als das prägende Mansardendach abzureißen. Weil die Böden durchsackten, musste bald darauf das gesamte Haus ausgeräumt, „entkernt" werden. Danach konnte man nur noch die Außentüren verriegeln und ein Schild „Einsturzgefahr. Betreten verboten" an die Ruine nageln.

1991 begann man behutsam mit der Stadtsanierung, sicherte auch das Gottschalcksche Haus

provisorisch ab. Die Rekonstruktion dauerte zwei Jahre, von 2002 bis Ende 2003. Das Dach wurde wieder aufgesetzt, die Vorderfassade im ursprünglichen Zustand restauriert, an der Rückfront wurden moderne Balkone angebracht – ein Zugeständnis an den heutigen Wohnstandard. Die ehemals überhohen Decken wurden niedriger eingeplant, dadurch entstand ein Stockwerk mehr – und Raum genug für sieben moderne Wohnungen und zwei Büros. Das einst verfallene Palais ist heute wieder ein Blickfang mitten in Sondershausen, der Kreisstadt des Kyffhäuserkreises.

Nach der Rekonstruktion bietet das prächtige Stadtpalais sieben Familien und zwei Firmen ein repräsentatives Ambiente

GOTHA EKHOFPLATZ
Die Wermutssäule

Auf halber Strecke zwischen Eisenach und Erfurt liegt Gotha, jahrhundertelang Residenzstadt des Herzogtums Sachsen-Gotha. Ein mutiger Stadtkommandant übergab sie 1945 kampflos an die anrückenden US-Truppen, dadurch blieben Gotha weitere schwere Kriegsschäden erspart. Die Stadt hatte ohnehin schwer gelitten.

Dem Bombenhagel war auch das Gothaer Stadttheater zum Opfer gefallen, das 1839 nach Schinkel-Skizzen am Ekhofplatz gebaut worden war. Immer wieder versprach die SED den Wiederaufbau – bis 1958 der Abriss verfügt wurde, gegen den Widerstand der Bevölkerung und trotz hohen Spendenaufkommens. Sieben Jahre später feierte

1990 war der Ekhofplatz eine marode, 250 Jahre alte Häuserzeile
im Schatten eines Plattenbauhochhauses

die SED-Parteileitung die Einweihung eines elf-stöckigen, kastenförmigen Hochhauses an dieser Stelle. Es passte überhaupt nicht in die Umgebung der dreigeschossigen Häuserzeilen und wurde wegen der Leuchtreklame („Gotha-Wermut – ein Genuss") im Volksmund als „Wermutssäule" verspottet.

Im Schatten des Klotzes verfielen die Häuser, die in der Mitte des 18. Jahrhunderts auf dem Verlauf der alten Stadtmauer errichtet worden waren. Immer mehr Wohnungen blieben leer, die Läden machten dicht. Einige Häuser waren so marode, dass letztlich nur der Abbruch blieb.

Ab 1995 wurde gerettet, was noch zu retten war – neue Dächer, neue Fenster, zeitgemäße Innenausstattungen. Und das Ärgernis der Stadt wurde abgebrochen. An seiner Stelle entstand ein Textilkaufhaus, das in Höhe und Stil der Umgebung angepasst wurde.

Heute sind die Häuser vor dem endgültigen Verfall gerettet – und die „Wermutssäule" wich einem angepassten Gebäude

ALTENBURG SPORENSTRASSE 2
Goethes Laden

Anfang des 19. Jahrhunderts entstanden in der ostthüringischen Residenzstadt Altenburg zwei Produkte, die das deutsche Kulturleben bis heute bereichern. Friedrich Arnold Brockhaus verfasste sein „Conversations-Lexikon" und drei kreative Altenburger Herren entwickelten aus dem Kartenspiel Schafkopf ein neues Spiel namens Skat. Seit 2001 ist in Altenburg auch wieder das (zwischenzeitlich in Bielefeld stationierte) „Deutsche Skatgericht" ansässig, das über Streitfälle entscheidet. Im 1903 erbauten Skatbrunnen taufen viele Skatbrüder ihre Karten – das soll Glück bringen.

Aber nicht nur deshalb ist die mehr als 1000-jährige Stadt mit ihren 38.000 Einwohnern ein begehrtes Reiseziel. Sie liegt malerisch in den Ausläufern des Erzgebirgevorlandes und hat viel von ihrer historischen Bausubstanz bewahrt. Seit der Wende sind zahlreiche marode Gebäude aus verschiedenen Jahrhunderten restauriert worden. So auch das Kaufhaus in der Sporenstraße 2, das in den 1930er-Jahren das größte Kaufhaus der Region war, bis zur Enteignung drei angesehenen jüdischen Familien gehörte und 160 Menschen beschäftigte. Zu DDR-Zeiten hieß es „Zentrum" und wurde von der staatlichen Handelsorganisation geführt.

Das Haus steht seit 1569 in unmittelbarer Nähe des Marktes. Stolz wurde registriert, dass 1828

Ein Schaufenster vernagelt, die anderen zugehängt:
Lange wurde nach der Wende nach einem
Interessenten für das marode Haus gesucht

Johann Wolfgang von Goethe hier einkaufte. 1896 war das Renaissancegebäude um eine Etage aufgestockt worden. 2002 wurde das imposante Gebäude von einer Investorin erworben und mit privaten Mitteln restauriert. Heute teilen sich ein Konfektionskaufhaus und ein T-Punkt-Shop das Haus. Die Stadt Altenburg verlieh den neuen Besitzern für die gelungene Restaurierung den städtischen Johann-Georg-Hellbrunn-Preis für Denkmalschutz.

2006 öffnete das Kaufhaus wieder das prachtvolle Portal. Für die aufwendig restaurierte Fassade verlieh die Stadt Altenburg den Denkmalschutzpreis

LEIPZIG TRIFUGIUM
Prachtstück in der City

Leipzig war, abgesehen von Berlin, schon immer die größte deutsche Stadt östlich von Hamburg und München. Als internationale Messestadt galt sie zwar als Aushängeschild der DDR – aber auch 45 Jahre nach Kriegsende war selbst die Innenstadt noch voller Ruinen.

Nur wenige Schritte vom Markt und vom Alten Rathaus entfernt, verfiel ein innerstädtisches Kleinod. Von 1904 bis 1906 waren die drei verbundenen Geschäftshäuser 11, 13 und 15 am Ende des Barfußgässchens erbaut worden. Im Bombenhagel des Zweiten Weltkriegs brachen die Häuser teilweise zusammen. Viel verändert wurde an den Resten nicht. Eine Fotowerkstatt und die staatliche Lotterie richteten sich notdürftig ein.

Der hinlänglich bekannte Frankfurter Baulöwe Jürgen Schneider erwarb 1992 über einen Immobilienfond neben vielen anderen Leipziger Immobilien auch die drei Häuserreste am Barfußgässchen. Mitten in die Planungs- und Sanierungsarbeiten platzte der Milliardenkonkurs des Unternehmers. Zwei Jahre später setzte ein anderes Unternehmen, die Hofkammer Projektentwicklung, die Baumaßnahmen fort. Die Ruine Nr. 15 wurde abgerissen und nach alten Vorlagen wieder aufgebaut. Auch die beiden anderen Häuser wurden liebevoll restauriert und sogar die inneren Strukturen erhalten. Durch lange Flure sind die Häuser miteinander verbunden. 1996 gab es eine feierliche Einweihung des historischen Dreierkomplexes unter dem Namen „Trifugium".

1992 war das Eckgrundstück noch eine traurige Ruinenlandschaft

Vier Jahre später: Originalgetreu rekonstruierte Fassaden schmücken das „Trifugium"
im Stadtzentrum. Im Restaurant „Hundertwasser" kann man es sich gut gehen lassen

LEIPZIG UNIVERSITÄTSBIBLIOTHEK
Millionen Bücher

Die Leipziger Universitätsbibliothek war jahrhundertelang der Stolz der 1409 gegründeten Hochschule. 1543 hatte der Albertiner Herzog Moritz von Sachsen durch eine Schenkung den Grundstock zur Bibliothek gelegt, in der die Büchersammlungen aus aufgelösten Klöstern zusammengeführt wurden. Platzmangel machte Ende des 19. Jahrhunderts einen Neubau erforderlich. 1891 wurde die Bibliotheca Albertina, ein imposanter Neorenaissancebau, eröffnet.

Ein alliierter Bombenangriff am 6. April 1945 zerstörte das Gebäude der Bibliotheca Albertina in der Beethovenstraße zu zwei Dritteln. Die Buch-

Ein halbes Jahrhundert lang lag das historische Treppenhaus der Universitätsbibliothek in Trümmern

bestände waren glücklicherweise ausgelagert worden und blieben weitgehend erhalten. Nach dem Krieg konnte nur noch der unbeschädigte linke Gebäudeflügel genutzt werden. Für einen Wiederaufbau des Hauptgebäudes fehlten die finanziellen Mittel. Sträucher wuchsen auf den bröckligen Resten der Treppen und Gänge.

Nach der Wende begann 1991 die aufwendige Rekonstruktion des Bibliotheksgebäudes. Die Ruine des rechten Flügels wurde abgetragen, ein zweites Kellergeschoss ausgehoben, Treppenhaus und Fassade originalgetreu wieder aufgebaut. 2002 war feierliche Einweihung.

Heute wird die Bibliotheca Albertina als Hauptbibliothek, geisteswissenschaftliche Zentralbibliothek und Archivbibliothek der Universität Leipzig genutzt. Sie bietet 800 Lesesaal- und Benutzerplätze. In der Albertina sind weit über fünf Millionen Medien untergebracht, davon 3,2 Millionen Bände.

Treppen und Fassaden wurden weitgehend rekonstruiert. Eine Atmosphäre, die kein moderner Zweckbau bieten könnte

LEIPZIG KIRCHE SANKT NIKOLAI
Offen für alle

Monatelang war die Nikolaikirche das meistzitierte Gotteshaus Deutschlands. Von hier gingen 1989 die gewaltfreien Demonstrationen aus, die schließlich die politischen Veränderungen in Deutschland und Europa mit sich brachten.

Seit Anfang der 1980er-Jahre wurde jeden Montag um 17 Uhr unter dem Motto „Nikolaikirche – Offen für alle" zum Friedensgebet aufgerufen. Ursprung dieser Gebete waren 1980 die Proteste gegen die Stationierung von Mittelstreckenraketen in beiden Teilen Deutschlands. Zahlreiche Sanktionen des SED-Staates, insbesondere der Stasi, konnten die immer größer werdende Protestbewegung in und um die Nikolaikirche nicht verhindern. Im Herbst 1989 kamen an manchen Tagen 100.000 Menschen zusammen.

Die Stadt- und Pfarrkirche St. Nikolai ist eine der ältesten Kirchen von Leipzig. Sie wurde vermutlich ab 1165 nach der Verleihung des Stadt- und Marktrechtes an Leipzig im romanischen

Baufällige Häuser und große Baulücken bestimmten
zur Zeit der Wende das Bild rund um die Nikolaikirche.
Die alte Nikolaischule (Fachwerkgiebel)
war erhalten geblieben

Stil erbaut. Im 15. und 16. Jahrhundert wurde sie zur spätgotischen Hallenkirche erweitert. Untrennbar verbunden mit der Leipziger Nikolaikirche ist Johann Sebastian Bach, der hier, wie in allen Leipziger Gotteshäusern, komponierte, dirigierte und musizierte.

Das größte Gotteshaus der sächsischen Metropole ist auch zu DDR-Zeiten recht gut erhalten worden, genoss aber nach der Wende eine umfassende Restaurierung. Zudem wurden die angrenzenden Gebäude in der Nikolaistraße restauriert bzw. wieder aufgebaut. Die Nikolaischule, von der Kirche nur durch den Kirchplatz getrennt, erhielt wieder einen Nachbarn – die Strohsackpassage. Der Vorgängerbau an der Ritterstraße wurde im Mittelalter so benannt, weil hier Händler auf Strohsäcken übernachteten.

Eine Säule vor der Kirche erinnert seit 1999 an die Montagsdemonstrationen und an den friedlichen Verlauf der letzten deutschen Revolution.

Zwischen Nikolaischule und Haus Rosenkranz
entstand die Strohsackpassage neu
(weißes Gebäude). Nur der Name erinnert
an die ehemalige Herberge

PLAUEN NOBELSTRASSE
Einfach Spitze!

Vor dem Krieg hieß sie Königstraße. Zu DDR-Zeiten benannte man sie zu Ehren des Nobelpreisstifters und Dynamiterfinders Alfred Nobel um. Es blieb eine zweifelhafte Ehre, denn die Häuserzeile 1–7 war ein einziges baufälliges Fachwerkensemble. Nur eine Bürgerinitiative verhinderte den Abriss der historischen Bauten, die als einzige Häusergruppe aus dem Mittelalter erhalten blieb.

Mühsam hielten die jahrhundertealten Balken die verfallenen Häuser aufrecht.
Auch ein Stück Stadtmauer aus dem Mittelalter bröckelte vor sich hin

In Hausnummer 5 war einst die Gaststätte „Matsch" (von „Maische") untergebracht, die bereits 1508 urkundlich erwähnt wurde.

Fast 300 Jahre vorher erhielt Plauen das Stadtrecht. Die Stadt, bekannt für ihre Textilien (Plauener Spitze), entwickelte sich zum Zentrum des Vogtlandes, sie hatte zeitweise über 100.000 Einwohner. Nach dem Krieg lag Plauen nahe an der „Staatsgrenze" zu Bayern, weitab vom Regierungssitz Berlin. Die Abseitslage ließ 1989/90 besonders viele Plauener für die Wende kämpfen.

Sie brachte auch die Rettung für die mittelalterlichen Reste der Nobelstraße. Die Ruinen wurden nach historischen Plänen rekonstruiert, die Gaststätte „Matsch" eröffnete wieder, und sogar der Verlauf der Stadtmauer, von der man Reste vorfand, ist wieder zu sehen. „Ein städtebauliches Kleinod", schwärmt eine Stadtbroschüre, „für das es im weiten Umkreis kein vergleichbares Beispiel gibt."

Heute ein Kleinod mit großem historischem Flair – und in der Gastwirtschaft
„Matsch" wird wieder ausgeschenkt wie schon vor 500 Jahren

MEISSEN FLEISCHERGASSE
Zerbrechlich

Meißen ist zwar keine Großstadt mit gerade mal 27.000 Einwohnern, der Name ist allerdings weltweit bekannt: Hier wurde 1710 erstmals in Europa Porzellan hergestellt. Meissener Porzellan – es trägt zwei gekreuzte Schwerter als ältestes deutsches Markenzeichen – hat Weltruf wegen seiner Spitzenqualität. Der wertvolle Exportartikel wird nunmehr seit drei Jahrhunderten in der Stadt gehegt und gepflegt. Leider geschah dies während der DDR-Zeit mit dem wunderschönen, historischen Stadtbild nicht.

Ein Spaziergang durch Meißen war in den 1980er-Jahren mit Lebensgefahr verbunden. Die Stadt-

Die Fleischergasse 1989: schmutzige, verfallene Häuser, leere Läden. „Besuchen Sie Meißen, solange es noch steht", schrieben zornige Bürger nach der Wende auf Spruchbänder

verwaltung schrieb 1996 in einer Broschüre von „unhaltbaren Zuständen durch jahrzehntelange Vernachlässigung". Mehr noch: Studenten der TU Dresden hatten bereits errechnet, wann das letzte Haus zusammenbrechen würde.

Die 1000-jährige Stadt an der Elbe wurde nach der Wende als eine der Ersten für eine grundlegende Sanierung auserkoren. Die Erfahrungen dieser Arbeiten sollten anderen Städten zugutekommen. Es reichte ja nicht, die Häuser instand zu setzen – das gesamte Be- und Entwässerungssystem, Strom-, Telefon- und Gasversorgung mussten erneuert werden. Zehn Jahre lang war Meißen eine riesige Baustelle. Noch ist einiges zu tun, zumal das Elbhochwasser 2002 erhebliche Schäden anrichtete. Die Altstadt von Meißen aber ist heute ein Kleinod, würdig einer Stadt mit dieser großen Historie, und zieht jährlich 750.000 Besucher an.

Die Fleischergasse heute: Cafés, Restaurants, Läden – und bunte Fassaden, von denen nichts herunterfällt

DRESDEN FRAUENKIRCHE
100 Millionen Euro Spendengelder

Vielleicht die spektakulärste, weltweit bewunderte Wiederaufbauleistung war die Rekonstruktion der Dresdener Frauenkirche. Das Sandsteingebäude mit der größten Kirchenkuppel nördlich der Alpen galt vor der Zerstörung als eine der architektonisch reizvollsten Kirchen Europas. Der protestantische Sakralbau auf dem Dresdener Neumarkt war von 1726 bis 1743 erbaut worden.

Im Zweiten Weltkrieg wurde Dresden in der Nacht vom 13. zum 14. Februar 1945 Ziel alliierter Luftangriffe. Der durch die Bomben hervorgerufene Feuersturm beschädigte die Frauenkirche schwer. Am Morgen des 15. Februar stürzte sie völlig ausgebrannt in sich zusammen.

Erste Spendenaufrufe ein Jahr nach dem Krieg zeigten den Willen der Dresdener, ihre Frauenkirche wieder entstehen zu lassen. Doch die SED-Führung schenkte alten, zerstörten Kirchen kein Interesse. Auch vor Abrissplänen wurde nicht zurückgeschreckt. Doch die Liebe der Bürger Dresdens zur Frauenkirche war stärker. Die Ruine blieb stehen und galt fortan als Mahnmal für den Frieden.

Von 1945 bis 1994 standen nur Fassadenreste der Frauenkirche mitten in Dresden – ein erschütterndes Mahnmal

Liebevoll und originalgetreu wieder aufgebaut. An der dunklen Farbe sind die alten, wieder verwendeten Steine zu erkennen

Nach der Wende wurde die Idee zum Wiederaufbau durch eine Bürgerinitiative in die ganze Welt getragen. Über 100 Millionen Euro an Spenden kamen zusammen. 1994 begannen die Arbeiten. In archäologischer Rekonstruktion aus geborgenen und neu angefertigten Sandsteinblöcken entstand die Frauenkirche im alten Glanz. Am 30. Oktober 2005 fand die Einweihung in einem feierlichen Festakt statt. Heute finden wieder regelmäßig Gottesdienste, Konzerte und Vorträge statt.

DRESDEN TASCHENBERGPALAIS
Liebesnest

Bei den Bombenangriffen im Februar 1945 brannte das gesamte barocke Schlossensemble am Dresdener Elbufer. Halbwegs heil blieb lediglich der Zwinger, er wurde schon zu SED-Zeiten von der Stadtverwaltung restauriert und beherbergte eine der größten und eindruckvollsten Gemäldesammlungen der Welt. Auch die zerstörte Semper-Oper wurde von der DDR-Regierung rekonstruiert und 1985 wieder eröffnet.

Nahezu unberührt lag hingegen 50 Jahre die Trümmerlandschaft des Residenzschlosses, der Frauenkirche und des Taschenbergpalais inmitten der Dresdener Altstadt am Elbufer. Nach der Wende war das Taschenbergpalais das erste historische Bauwerk, das wieder aufgebaut wurde.

Den Namen hatte das Palais von seiner Lage am Taschenberg. August der Starke ließ es von 1705

Das Taschenbergpalais gehörte zum prachtvollen barocken Schlossensemble Dresdens – seit dem Kriegsende starrten leere Fensterhöhlen die Besucher an

bis 1708 für seine Mätresse Constantina von Cosel errichten und durch einen Brückengang mit dem Residenzschloss verbinden. Fünf Jahre später fiel die Dame beim Kurfürsten in Ungnade, im Palais wohnten seither die Thronfolgerfamilien.

Nach alten Vorlagen wurde das zerstörte Taschenbergpalais ab 1992 von Grund auf neu erbaut. Man bemühte sich, möglichst viele alte Steine zu verwenden. Das üppige barocke Treppenhaus wurde im alten Stil rekonstruiert, ansonsten ist die Inneneinrichtung an die moderne Zeit und die neue Verwendung angepasst worden: Am 31. August 1995 eröffnete die Kempinski-Gruppe das „Hotel Taschenbergpalais". Es war das erste Fünf-Sterne-Hotel Sachsens und gehört zur exklusiven Gruppe der „Leading Hotels of the World".

Den Wiederaufbau des benachbarten Residenzschlosses hatte schon SED-Chef Erich Honecker zugesagt und begonnen. Es ist bis auf einige Arbeiten im Innenbereich inzwischen vollständig rekonstruiert.

Seit 1995, 50 Jahre nach seiner Zerstörung, bietet ein Fünf-Sterne-Hotel im Palais seine Zimmer an. Kosten des Wiederaufbaus: rund 130 Millionen Euro

AUE ALFRED-BRODAUF-STRASSE

Miete: 42 DDR-Mark

Hübsch eingebettet zwischen den bewaldeten Höhen des Westerzgebirges liegt in einem Talkessel die Große Kreisstadt Aue. Die traditionsreiche Industriestadt an der historischen Silberstraße ist Heimat für rund 18.000 Bürger. Ihr Fußballverein Erzgebirge Aue ist vielen Fußballfans durchaus geläufig.

Unmittelbar nach dem Krieg wurde auf Druck der Sowjetunion in Aue-Alberoda mit dem Abbau von Uranerz begonnen. Später war die Stadt auch Zentrum des Maschinenbaus und der Besteckherstellung. Der ständig steigende Arbeitskräftebedarf hatte zur Folge, dass zwischen 1950 und 1972 in den Ortsteilen Zelle, Brünlasberg

Das Erbe der DDR: Hinter diesen bröckelnden Fassaden wohnten zur Wendezeit
Menschen bescheiden aber billig. Ein Eingang wurde bereits 1990 restauriert

und auf dem Eichert über 1.000 Wohnungen im Plattenbaustil errichtet wurden – zeitweise hatte die Stadt 40.000 Einwohner. In der historischen Innenstadt dagegen passierte recht wenig. Die schönen alten Bürgerhäuser und Geschäfte verfielen.

Ein langjähriger Bewohner der Alfred-Brodauf-Straße, einer Straße unweit des historischen Altmarktes gelegen, erinnert sich: „Noch Anfang der 1990er-Jahre sahen die Gründerzeithäuser wirklich furchtbar aus. Aber dafür wohnten wir günstig. Die Miete für eine 120-Quadratmeter-Wohnung betrug 42 DDR-Mark. Nach der Wie-

dervereinigung zahlten wir 240 D-Mark. Damals wurden die Häuser alle saniert. Jetzt ist die Straße richtig schön." Auch wenn der alte Stuck nur spärlich restauriert wurde, geben die frisch verputzten und freundlich gestrichenen Häuser der Straße wieder ein lebenswertes Ambiente.

2004 wurde der Auer Altmarkt mit Fördermitteln aus dem Europäischen Fonds für Regionalentwicklung grundlegend umgestaltet. Aue bemüht sich heute um eine Ausweitung des Tourismus in der Region.

1992 begann die umfassende Sanierung der gesamten Straße. Die Arbeiten dauerten acht Jahre

GÖRLITZ DER SCHÖNHOF
Jugendherberge

Anno 1525 wurden weite Teile von Görlitz durch einen verheerenden Stadtbrand zerstört. Beim Wiederaufbau der Stadt nutzte der Ratsbaumeister Wendel Roskopf die Chance. Er baute nach der in Deutschland noch relativ jungen Kunst der Renaissance. In der Brüderstraße 8 entstand so 1526 der Görlitzer Schönhof. Er war schon damals ein Blickfang: Über beide Obergeschosse erstreckt sich ein Eckerker in reicher Sandsteinarchitektur mit kunstvollen Pilastern und Fenstersimsen. Das komfortabel ausgestattete Repräsentationsgebäude diente im 15. und 16. Jahrhundert als herrschaftliches Gästehaus. Hier übernachteten Könige und Kurfürsten und genossen den neuzeitlichen Komfort: So hatte der Schönhof schon damals Toiletten mit Wasserspülung.

Görlitz blieb im Zweiten Weltkrieg unzerstört. Dieses Glück verkehrte sich jedoch bald zum Unglück für die Stadt, denn die SED-Verantwortlichen dachten: Görlitz hat nichts abbekommen, da brauchen wir nichts zu tun. Das älteste Bürgerhaus der Renaissance in Deutschland diente fortan bis in die 1970er-Jahre als Jugendherberge. Danach dämmerte das historische Gebäude ungenutzt vor sich hin und verfiel zusehends. In Görlitz wie auch anderswo kursierte der Slogan: „Ruinen schaffen ohne Waffen!" Immer mehr Bewohner verließen die Altstadt, weil viele der wertvollen Häuser nicht mehr bewohnbar waren und der Verfall allgegenwärtig war. Ab 1985 wurden erste Gebäude in der Altstadt abgebrochen. Den Abriss des einzigartigen Schönhofs wagte selbst die SED-Regierung nicht.

Kurz nach der politischen Wende wurden umfangreiche Sicherungs- und Instandsetzungsmaßnahmen für den maroden Schönhof eingeleitet. Heute erstrahlt das Gebäude als ältestes Renaissancebauwerk von Görlitz wieder im Glanz von früher. Es beherbergt seit 2006 das Schlesische Museum.

Wegen seines schlechten Bauzustandes stand der Schönhof zehn Jahre leer. Er sollte, wie weite Teile der Innenstadt, abgerissen werden

*Liebevoll wurde der Renaissancestil des fast 500 Jahre
alten Gebäudes erhalten. Im Innern konnten zahlreiche Wand-
und Deckenmalereien restauriert werden*

BAUTZEN SCHLOSSSTRASSE

Zum Touristenziel geworden

Grau in grau, so dämmerte die Schlossstraße in Bautzen jahrzehntelang vor sich hin. Die Altstadt hatte in den letzten Kriegstagen noch schwere Schäden erlitten, den Rest gab ihr die sozialistische Wohnungsbaupolitik.

Dabei kann die Stadt am Oberlauf der Spree auf eine über 1000-jährige Geschichte zurückblicken, die in Deutschland nicht viele Parallelen findet. Bautzen ist das Zentrum des sorbischen Siedlungsgebietes in der Lausitz. Die Sorben – auch

Die Schlossstraße Mitte der 1980er-Jahre. Vor der Wende wurde
der Matthiasturm noch durch einen neuen Außenputz stabilisiert

als Wenden bezeichnet – sind ein slawisches Volk, das hier seit vielen Jahrhunderten lebt, seine eigene Sprache pflegt und sogar eine eigene Staatsflagge hat. Deshalb steht auf den Orts-schildern Bautzens auch der sorbische Name Budyšin, viele Straßenschilder sind zweisprachig. Schon die DDR hatte der Minderheit besondere Rechte eingeräumt.

Die binationale Kultur hat Bautzen zu einer be-sonders sehenswerten Stadt mit interessanter alter Bausubstanz gemacht. Zu DDR-Zeiten spielte der Tourismus indes kaum eine Rolle – inzwischen gibt's ein Dutzend guter Hotels für erschwingliches Geld.

Die Schlossstraße in der Altstadt führt unmittelbar zur Ortenburg, der Matthiasturm am Ende gehört bereits zur Burganlage. In der restaurierten Burg sind heute das Sächsische Oberverwaltungsgericht und das Sorbische Museum etabliert. Straße, Turm und Burg haben eines gemeinsam: Die Wende brachte neue Farben, neue Fassaden, neues Leben.

Der Weg zur Ortenburg führt heute an schmucken, farbenfrohen Fassaden entlang

BAD MUSKAU NEUES SCHLOSS

Weltkulturerbe

Ein Konditormeister widmete Fürst Pückler ein Speiseeis aus den Sorten Vanille, Erdbeer und Schokolade. Die Bedeutung des Fürsten Hermann von Pückler-Muskau (1785–1871) ist aber weitaus größer: Er schuf in Bad Muskau einen der größten Landschaftsparks Europas. Der Park liegt auf beiden

Seiten der Neiße – seit Kriegsende deshalb zu zwei Dritteln in Polen, zu einem Drittel in Deutschland.

Inmitten des Parks stehen zwei Schlösser, das kleinere Alte Schloss und das prachtvolle Neue Schloss im Neorenaissancestil. Beide überstanden

45 lange Jahre verfiel die ausgebrannte Ruine des Neuen Schlosses am Ufer der Neiße

die Kriegskämpfe halbwegs, doch wenige Tage vor Kriegsende brannte das Neue Schloss durch Brandstiftung aus. 45 Jahre lang stand die Ruine inmitten des Parks, der auf polnischer Seite zuwucherte, auf der deutschen Seite bescheiden, aber liebevoll gepflegt wurde. Die DDR-Regierung ließ sogar das Alte Schloss ab 1965 wieder aufbauen und als Standesamt nutzen.

Niemand glaubte 45 Jahre nach der Zerstörung noch an einen Wiederaufbau der Ruine des Neuen Schlosses. Aber 1990 wurden erste Sicherungsmaßnahmen eingeleitet, 1995 kamen die Maurer, 2003 wurden erste Teile des Schlosses wieder eröffnet, bis 2012 sollen die Arbeiten abgeschlossen sein.

Parallel dazu wurde auch der riesige Park im alten Stil wiederhergestellt. Die UNESCO belohnte die ungeheure Mühe und nahm den Fürst-Pückler-Park in die Liste des UNESCO-Weltkulturerbes auf.

Die Außenfassade des Schlosses ist fast komplett wiederhergestellt. Im Innern finden bereits Ausstellungen statt

ZITTAU NEUSTADT

Im Dreiländereck

In Deutschlands äußerstem südöstlichem Zipfel liegt die Stadt Zittau. Die Neiße bildet seit 1945 die Grenze zu Polen. Es gab zu DDR-Zeiten nur einen Grenzübergang, und der wurde ab 1980 wegen der Solidarność-Bewegung für Privatreisende nur noch selten geöffnet. Der 1975 beschlossene

Abbau von Braunkohle machte Zittau zu schaffen, eine einst wohlhabende Stadt verfiel zusehends.

Die Neustadt, der größte Platz im historischen Stadtkern, war besonders betroffen. Viele der vor sich hin bröckelnden Häuser waren in den 1980er-

Die pastellfarbenen Trabbis waren vor der Wende
die einzigen Farbtupfer in der Neustadt

Jahren zwar noch bewohnt. Hier und da bot ein Laden Waren an. Aber es war nur eine Frage der Zeit, wann das erste Haus wegen Baufälligkeit verriegelt werden musste.

Nach der Wende flossen erhebliche Mittel aus dem Programm „Städtebaulicher Denkmalschutz" und von der Deutschen Stiftung Denkmalschutz in die historische Innenstadt von Zittau. Viele Privatleute haben ebenfalls tief in die Taschen gegriffen. Die Fassaden sind kaum wiederzuerkennen, freundliche Restaurants und originelle Geschäfte haben eröffnet.

Dennoch ist die Lage in Zittau schwierig, die Arbeitslosigkeit ist hoch. 1991 wurde der Fahrzeughersteller Robur-Werke geschlossen, 5.400 Mitarbeiter verloren ihren Job. Fast 12.000 Menschen zogen seit der Wende aus Zittau fort – derzeit leben knapp 30.000 in der landschaftlich schön gelegenen Stadt am Fuß des Zittauer Gebirges.

Der bröckelnde Putz wurde abgeschlagen,
die Häuser innerlich und äußerlich top restauriert

OSCHATZ RATHAUS
Einheitsfarbe

Ungefilterter Russ aus Industrieschloten, Braun-kohlestaub aus zahlreichen Hausöfen, Zweitak-terabgase der technisch überholten Trabbis und Wartburg-Autos: Dieses Gemisch überzog fast alle Städte der DDR mit einer graubraunen Ein-heitsfarbe. Die Menschen gewöhnten sich daran

– die eintönige Farbgebung fiel den meisten kaum noch auf.

Auch das Rathaus von Oschatz machte da keine Ausnahme. Dabei hatte der berühmte Baumeister Gottfried Semper – er baute auch die Dresdener

Rathaus, St.-Aegidien-Kirche und historischer Brunnen um 1988: marode, braun, trist

Oper – weiße Farbe vorgesehen, als er 1842 das Rathaus entwarf.

Es war natürlich in den 1990er-Jahren nicht mit ein paar Töpfen weißer Farbe getan, um das historische Bild des Rathauses und der umliegenden Gebäude wiederherzustellen. Jahrelang wurde innen und außen restauriert, um einen der schönsten Marktplätze Sachsens in altem Glanz erstrahlen zu lassen.

Oschatz, jeweils rund 50 Kilometer von den sächsischen Metropolen Dresden, Leipzig und Chemnitz entfernt, gilt als das „Herz Sachsens". Hier wird, so sagen Sprachforscher, „das reinste Sächsisch" gesprochen. Früher wurden hier Waagen hergestellt. Noch heute setzen sich die Ratsherren von Oschatz jährlich auf eine historische Personenstuhlwaage von 1862 und stiften entsprechend ihrer Kilos für einen sozialen Zweck.

So freundlich hatte Baumeister Semper das Rathaus einst geplant – zehn Jahre wurde nach der Wende restauriert

GROSSENHAIN KULTURSCHLOSS
Wechselhafte Geschichte

Für mittelalterliche Burgen und Schlösser hatte man in der DDR oftmals keinen Blick. Sie gammelten vor sich hin – wer sollte auch die notwendigen immensen Restaurierungs- und Unterhaltungskosten verantworten?

Im Zentrum der ostsächsischen Kleinstadt Großenhain verwitterte solch eine Schlossruine, die im 13. Jahrhundert erstmals erwähnt wurde, wahrscheinlich erbaut von Landgraf Albrecht dem Unartigen. Später residierte hier ein Vogt des

*Noch 1995 sicherten Zäune und Verbotsschilder das alte Gemäuer,
in dem 130 Jahre lang eine Fabrik untergebracht war*

Kurfürsten von Meißen. Die Mauern waren sechs Meter dick, ein breiter Wassergraben und ein Bergfried boten zusätzlichen Schutz vor kriegerischen Belagerungen. Seit 1835 wurde das trutzige Gemäuer als Fabrik genutzt, ab 1967 dämmerte es als Ruine im Stadtzentrum dahin.

1998 bekam Großenhain den Zuschlag, 2002 die dritte Sächsische Landesgartenschau auszurichten. Die Stadt erwarb die Schlossruine und restaurierte sie weitgehend im historischen Stil. Im Schloss, das nie ein richtiger Herrschersitz war, herrschen

seither Unterhaltungskünstler. Seit April 2002 bietet das Kulturhaus Schloss Großenhain neben vielfältiger Gastronomie ständig wechselnde Veranstaltungen und Ausstellungen an. Vom Bergfried, dem Wehrturm aus dem 13. Jahrhundert, hat man einen hervorragenden Blick über Großenhain und die landschaftlich reizvolle Umgebung, die Großenhainer Pflege.

Zur Sächsischen Landesgartenschau 2002
wurde das trutzige Gebäude in der Innenstadt
als Kulturhaus instand gesetzt

SCHLEINITZ GERICHTSGEBÄUDE
Urteil: Sanierung geglückt

Im Süden der Lommatzscher Pflege, einer Hügellandschaft in Mittelsachsen, liegt die Gemeinde Leuben-Schleinitz. Hier trifft der Besucher auf das beeindruckende Schlossensemble Schleinitz. Es gehört zu den schönsten Landsitzen des ehemaligen mittelsächsischen Landadels. Die Familie Schleinitz gehörte zu den ältesten markmeißnischen Adelsgeschlechtern. Die erste urkundliche Erwähnung finden sie im 13. Jahrhundert.

Direkt gegenüber dem Schloss Schleinitz steht das auf den ersten Blick wie eine Kirche anmutende ehemalige Gerichtsgebäude. Bei dem ehrwürdigen Gemäuer handelt es sich um einen repräsentativen Barockbau, der im 18. Jahrhundert die heutige Gestalt erhielt. Hier sprachen die Gutsbesitzer ihre Urteile. Mit Turmuhr und Glocke wurden aber auch die Arbeitszeiten im Schloss, auf dem Hof und den dazugehörigen Feldern verkündet.

Nach 1945 wurde das Schlossensemble im Zuge der Bodenreform der Gemeinde Schleinitz übertragen. Das Gerichtsgebäude diente fortan als Schafstall mit Schäferwohnung. Instandhaltungsmaßnahmen fanden nicht statt.

Nach der Wende stand das Gebäude lange leer. Die Gründung des Fördervereins Schloss Schleinitz 1994 leitete die Erhaltung des Schlossensembles ein. Neben dem Schloss wurde auch das Gerichtsgebäude nach historischem Vorbild saniert. So bekam das Haus nun auch seinen Turm mit Uhr und Glocke zurück. Heute befindet sich im Gerichtsgebäude ein Museum.

Wo einst Urteile gefällt wurden, blökten in DDR-Zeiten Schafe. Zur Zeit der Wende stand das Gebäude leer

Aus der Ruine wurde ein hübsches Museum.
Auch das benachbarte Schloss ist restauriert

HALLE ALTER MARKT
Aus Dornröschenschlaf erwacht

Halle ist eine Stadt mit langer Geschichte. Vor rund 1.200 Jahren wurde sie das erste Mal urkundlich erwähnt. Mit der Salzgewinnung und dem -handel ist sie groß geworden. Während DDR-Zeiten war hier die Chemieindustrie zu Hause – heute wird in Halle vor allem in der IT- und Medienbranche das Geld verdient. Mit der Stadt verbindet man u. a. die älteste Schokola-

1984: Dieser traurige Anblick lässt nicht vermuten,

dass hier einst das Zentrum der stolzen Salzstadt war

denfabrik Deutschlands, eine der ältesten deutschen Universitäten und weltberühmte Stadtkinder wie den Komponisten Georg Friedrich Händel.

Vom alten Glanz war in Halle aber lange Zeit nichts mehr zu sehen. Erst nach und nach erwachen historische Gebäude und Plätze wieder aus dem Dornröschenschlaf, wie der Alte Markt zum Beispiel. Im Mittelalter war er Zentrum und Verkehrsknotenpunkt der Saalestadt, dort entstand das erste Rathaus und der erste öffentliche

Brunnen von Halle, dort wurde gehandelt und gefeiert. In den Nachkriegsjahren verfielen die historischen Patrizierhäuser rund um den bekannten Eselsbrunnen. Sie wurden erst nach der Wende wieder aufgebaut.

Heute ist der Alte Markt beliebtes Wohngebiet. Außerdem laden Modegeschäfte, ein Buchladen, eine Galerie und mehrere Gaststätten zum Einkaufen und Verweilen ein. Auch für Touristen ist der Platz wieder ein wichtiges Ziel in Halle geworden.

Heute ist die Altstadtmeile rund um den Eselsbrunnen wieder sehenswerter Teil des Stadtbildes

HALLE STADTGOTTESACKER

Die vergessenen Toten

Wenn man schon die historischen Wohnhäuser kaum sanierte, so standen historische Grabstätten ganz am Ende der Rangliste. Einer der schönsten und berühmtesten Friedhöfe Deutschlands verfiel zu einer wüsten Trümmerlandschaft.

Der Stadtfriedhof wurde nach Vorbildern der Campi-Santi-Friedhofshallen in Pisa und Florenz angelegt. Er ist in seiner Geschlossenheit der bedeutendste Friedhof dieser Art nördlich der Alpen, der erhalten blieb.

Eine Bürgerinitiative versuchte, die einsturzgefährdeten Reste des Daches mit Balken zu stützen

Eine Bürgerinitiative rettete den Stadtgottesacker in Halle davor, eingeebnet zu werden. Damit wäre ein weiteres bedeutendes Zeugnis der Geschichte für immer verloren gegangen.

Im 16. Jahrhundert verlegte man in vielen deutschen Städten die Friedhöfe aus dem Stadtinnern vor die Stadtmauern. In Halle wählte man dafür den Martinsberg, der heute in der Stadtmitte liegt. Eine fünf Meter hohe Mauer umgab die kapellenartigen Grabkammern, die von den wohlhabenden Bürgern der Stadt angemietet werden konnten. Sie waren durchweg kunstvoll im Renaissancestil gehalten. Schießscharten in der Mauer zeugen davon, dass der Friedhof auch als Verteidigungsanlage genutzt wurde.

Die Rekonstruktion der Anlage, die in dieser Form als Einzige in Deutschland erhalten blieb, ist vor allem einer Stiftung zu verdanken, die von der Tochter des Chemie-Nobelpreisträgers Prof. Karl Ziegler gegründet wurde. Heute gibt es auf dem Friedhof 2.000 Grabstellen und es ist erlaubt, wieder Urnen beizusetzen.

Die geschmiedeten Eisengitter vor den Gruften wurden, wie das gesamte Friedhofsensemble, nach historischem Vorbild rekonstruiert

HALDENSLEBEN SCHLOSS HUNDISBURG
Volkseigene Gutsruine

Seit dem zwölften Jahrhundert existierte in Hundisburg eine wehrhafte Burg. Sie diente dem Erzbistum Magdeburg zur Grenzsicherung gegen welfische Territorien. Ab 1693 erfolgte der Ausbau zum imposanten Barockschloss. Der barocke Schlossgarten wurde im 19. Jahrhundert um den mit 100 Hektar drittgrößten Landschaftspark Sachsen-Anhalts ergänzt.

Am 28. November 1945 kam es während der Einquartierung sowjetischer Truppen zu einem verheerenden Brand. Nur ein Drittel des Hauses und die Wirtschaftsgebäude blieben erhalten. Sie wurden in der DDR als Sitz eines volkseigenen Gutes genutzt. Die gesamten Gebäude verfielen jedoch zunehmend zur Ruine, obwohl das SED-Regime in den 1960er-Jahren zeitweilig mit dem

Die Ruine stand in der DDR unter Denkmalschutz, aber nur der Südflügel konnte als Stallung eines VEG genutzt werden

Wiederaufbau begonnen hatte. Auch der Park verwahrloste oder wurde zweckentfremdet genutzt, direkt vor dem Schloss entstand beispielsweise ein Fußballplatz. Da nutzte es auch nichts, dass das Ensemble 1975 unter Denkmalschutz gestellt wurde.

Nach der Wende konnte 1991 infolge bürgerschaftlichen und öffentlichen Engagements zunächst mit den dringendsten Sanierungen und danach mit dem Wiederaufbau begonnen werden. Auch wenn dieser noch lange nicht abgeschlossen ist, zeigt die Gartenfassade des Schlosses schon wieder das historische Bild. Die Maßnahmen wurden durch die EU, das Land und in erheblichem Maße durch die Deutsche Stiftung Denkmalschutz unterstützt. Auch der barocke Garten wurde aufwendig rekonstruiert und der Park in weiten Bereichen instand gesetzt.

Seit 2001 beherbergt Schloss Hundisburg eine Vielzahl von öffentlichen Einrichtungen, darunter zwei Kunstsammlungen und das Haus des Waldes Sachsen-Anhalt. Ein Hochzeitszimmer, das Schlossrestaurant, Übernachtungsmöglichkeiten und der Schlossladen runden das Angebot ab. Ein umfangreiches Veranstaltungsprogramm macht Schloss Hundisburg zu einer zentralen Kulturstätte der Region.

Der matschige Fußballplatz gehört wieder zur Parkanlage –
und im restaurierten Schloss geben sich Paare das Jawort

STOLBERG NIEDERGASSE
Unzerstört überstanden

Der historische Bergbauort Stolberg im Harz hat gerade mal 1.400 Einwohner. Er zählt damit zu den kleinsten Städten in Deutschland. Die Stolberger sind stolz auf ihre alten Fachwerkhäuser aus dem 15. bis 18. Jahrhundert. Seither hat sich der Grundriss der Stadt nicht verändert, weder durch große Brände noch durch Kriege wurde etwas zerstört, und auch nicht unter der sozialistischen Regierung. Im Gegenteil: Bereits Anfang der 1970er-Jahre stand ganz Stolberg unter Denk-

malschutz. Wer sanieren wollte, musste beispielsweise rote Dachziegel auftreiben oder Holzfenster mit Fensterkreuz einbauen. Durchgehende Scheiben wurden nicht genehmigt.

Viele Hausbesitzer versuchten, ihre Gebäude in Schuss zu halten, was sich angesichts der DDR-Mangelwirtschaft als schwieriges Unterfangen erwies. Wichtige Baumaterialien gab es nur auf Bezugsschein oder auf Zuteilung, und ohne Be-

Die Niedergasse: Oberleitungen und Verkehrszeichen passten nicht ins historische Bild, dennoch galt Stolberg in der DDR als Musterstädtchen. 80 Prozent der Häuser in Stolberg waren und sind in Privatbesitz

ziehungen ging kaum etwas. Baumärkte, die heute in jeder Stadt stehen, gab es nicht. Viele Gebäude hätten dringend Farbe gebraucht, mancher Tür- oder Fensterrahmen war morsch. Aber die zahlreichen Touristen, die das romantische Städtchen besuchten, brauchten nicht wie andernorts zu befürchten, dass ihnen Ziegel oder Stuckteile auf den Kopf fielen.

Nach der Wende ging eine Restaurierungswelle durch die Stadt, insbesondere durch die zentrale Niedergasse. Dank des Denkmalschutzprogramms bekam jeder Hausbesitzer 50 Prozent der Sanierungskosten ersetzt, bis jährlich 15.000 bzw. 8.000 Euro. Eine ähnliche Regelung greift bis heute. Zudem wurde 1991/92 binnen kürzester Zeit die komplette Infrastruktur der Stadt erneuert:

Neue Kanalisation, Strom- und Telefonleitungen wurden in die Erde gelegt, und geheizt wird seither nicht mehr mit Braunkohlebriketts, sondern mit Erdgas. Um das historische Stadtbild nicht zu stören, gibt es heute in der Stadt nur wenige Verkehrsschilder.

Das Schloss, das über der Stadt thront, war zu DDR-Zeiten ein gewerkschaftliches Erholungsheim. Es wird derzeit von der Deutschen Stiftung Denkmalschutz grundlegend saniert.

Alle Häuser sind frisch gestrichen und grundsaniert, die Kabel liegen im Boden und keine Brikettheizung erschwert im Winter das Atmen. Der Luftkurort erhielt den Titel „Historische Europastadt"

SALZWEDEL RATHAUSTURM

Klein Venedig

Salzwedel galt als eine der schönsten Fachwerkstädte Norddeutschlands. Wegen ihrer vielen innerstädtischen Wasserwege hat die fast 800 Jahre alte Stadt den Beinamen „Klein Venedig" erhalten. Aber hinter Salzwedel war vor der Wende die Welt zu Ende – hier verlief die innerdeutsche Grenze. Die Straße nach Uelzen war gesperrt.

Salzwedels historischer Altstadtkern, im Krieg weitgehend unversehrt geblieben, verfiel. Auch rund um den alten Rathausturm, ein Wahrzeichen der Stadt, verkamen die Gebäude. Der Turm ist das Überbleibsel eines alten Rathauses, das den Dreißigjährigen Krieg nicht überstanden hatte. An diesen Turm angebaut war ein Hotel und Café, der „Schwarze Adler". Hier wurde einst der berühmte Salzwedeler Baumkuchen gebacken. Mille der 1980er-Jahre war Schluss mit dem süßen Leben: Das Café wurde wegen Baufälligkeit geschlossen.

Bereits Ende 1990 wurde die 22.000 Einwohner zählende Stadt in ein Förderprogramm aufgenommen, das den griffigen Titel „Städtebaulicher Denkmalschutz zur Sicherung und Erhaltung historischer Stadtkerne" trug. Hunderte alter, leer stehender Häuser wurden gerettet, zwölf Brücken wieder errichtet, zwei Kilometer historische Stadtmauer freigelegt. Am Rathausturm, der 1994 restauriert und gestrichen wurde, bietet das Café „Schwarzer Adler" wieder den begehrten Baumkuchen an. Auch die Touristeninformation fand hier eine Bleibe, schließlich kommen wieder gerne Besucher in die Stadt, die sich seit 2008 wie einst „Hansestadt Salzwedel" nennen darf.

1994 war der Rathausturm schon restauriert.
Er ragte aus der Ruine des alten Hotels

Heute wird im Café „Schwarzer Adler" wieder Salzwedels berühmter Baumkuchen angeboten.

Im Erdgeschoss des Turms sitzt die Touristeninformation

HALBERSTADT GRAUER HOF

Wieder bewohnt

Nördlich des Harzes liegt Halberstadt, die 1200 Jahre alte Bischofsstadt. Weithin sichtbar wird das mittelalterliche Stadtbild von charaktervollen Kirchen geprägt: vom im gotischen Stil erbauten Halberstädter Dom und weiteren Kirchen im romanischen und gotischen Stil.

In den letzten Kriegstagen 1945 bombardierten die Alliierten Halberstadt. Ein Großteil der Altstadt mit ihren historischen Fachwerkhäusern brannte aus. Die Kirchen und der Domplatz wurden schnell restauriert, der noch erhaltene Bestand an Fachwerkhäusern in der Altstadt wurde jedoch zum

Die meisten historischen Fachwerkhäuser verfielen, wurden abgerissen. Im Grauen Hof wohnte niemand mehr

großen Teil dem Verfall preisgegeben und später großflächig abgerissen. Es entstanden gesichtslose Plattenbausiedlungen.

Nach 1990 wurde Halberstadt zur Modellstadt für Stadtsanierung. Die verbliebenen Fachwerkhäuser wurden restauriert, die entstandenen Lücken mit moderner Architektur geschlossen.

Die historische Altstadt präsentiert heute einige gut erhaltene Straßenzeilen mit Häusern, die vorwiegend im niedersächsischen Fachwerkstil erbaut wurden. Ein in sich geschlossenes Ensemble mit vielen liebevoll restaurierten Fachwerkhäusern ist der Graue Hof. Im Mittelalter lebte hier der Orden der Graumönche, nach dem die Hofstelle benannt wurde. Der Graue Hof gehörte ab dem 17. Jahrhundert als Wirtschaftshof zum Besitz der Regensteiner Grafen. Heute ist der Graue Hof mit seinem idyllisch-romantischen Charakter ein beliebter Wohn- und Lebensraum für Halberstädter Familien.

Romantik pur: Der 400 Jahre alte Wirtschaftshof wurde kurz vor dem Einsturz gerettet

MAGDEBURG HEGELGYMNASIUM

Geretteter Schulpalast

Anfang des 20. Jahrhunderts entstand am Rande der Magdeburger Altstadt ein imposanter Schulkomplex. Im Volksmund hieß er „Schulpalast", ein mächtiger Turm schmückte die Eingangshalle, in der Haube war eine der ersten Schulsternwarten Deutschlands untergebracht. Ein Teil des Gymnasiums hieß Viktoriaschule – hier wurden Mädchen unterrichtet. Der Komplex für die Jungen war die Bismarckschule.

Im Zweiten Weltkrieg wurde Magdeburg schwer zerstört. Auch die beiden Schulen an der Geiß-

Kein Bild aus Nachkriegstagen: die Viktoriaschule zur Wendezeit

lerstraße brannten teilweise aus. Den halbwegs intakten Teil der Bismarckschule übernahm die sowjetische Militärkommandatur als „Haus der sowjetischen Offiziere". In den Klassenräumen wurde eine Mittelschule für die Kinder der Sowjetsoldaten eingerichtet. Der zerbombte Teil der Schule dämmerte als traurige Ruine vor sich hin – bis nach der Wende.

Mitte der 1990er-Jahre begann die umfangreiche Sanierung des Schulkomplexes. 1998 wurden die ersten Schüler wieder unterrichtet. Äußerlich wurde die Schule dem neoklassizistischen Stil der Kaiserära angepasst, im Innern hat man Foyers und Treppenhäuser denkmalgerecht saniert. Nur die Klassenräume wurden natürlich den heutigen Anforderungen an ein Gymnasium angepasst. Auch der Name wurde geändert – der alte Reichskanzler und die Kaisertochter waren dann doch nicht mehr zeitgemäß. Heute trägt die Schule den Namen des Philosophen Georg Wilhelm Friedrich Hegel.

Seit 1998 wird in der Schule, inzwischen umbenannt in Hegelgymnasium, wieder gepaukt

MAGDEBURG JOHANNISKIRCHE
Fünfmal zerstört, fünfmal aufgebaut

Am 16. Januar 1945 ging Magdeburg im Bombenhagel unter. Zu DDR-Zeiten wurden nur wenige historische Gebäude restauriert. Der größte Teil der zerstörten Innenstadt wurde abgetragen und durch Plattenbauten ersetzt. Sie bestimmen nach wie vor das Bild der Landeshauptstadt.

Die älteste Kirche Magdeburgs ist die Johanniskirche. Sie wurde im Laufe der Geschichte fünfmal zerstört, genauso oft wie die stolze, 1000-jährige Stadt an der Elbe. Viermal hat man die Kirche wieder aufgebaut, nach dem Zweiten Weltkrieg aber ließ man sie als Ruine stehen; als ein Mahnmal ähnlich der Dresdner Frauenkirche oder der Berliner Gedächtniskirche. Die SED-Verwaltung mochte den historischen Bau, in dem schon Martin Luther predigte, nicht abreißen. Andere Kirchen Magdeburgs mussten dagegen den neuen Bauplänen weichen.

Bereits 1990, dem Jahr der Wiedervereinigung, beschloss der Stadtrat den Wiederaufbau der Johanniskirche. Wegen archäologischer Grabungen konnte erst 1998 damit begonnen werden, ein Jahr später stand das Gebäude wieder in alter Pracht. 20,2 Millionen D-Mark kostete der Wiederaufbau, größtenteils vom Land Sachsen-Anhalt getragen. Im Oktober 2008 läuteten erstmals seit 63 Jahren wieder die Glocken im Turm.

Die Johanniskirche dient heute als Kulturzentrum.

Nur die Türme ragten mahnend in den Himmel.
Die älteste Kirche Magdeburgs verfiel

Die Johanniskirche gilt wieder als geistiges Zentrum der Stadt.
In diesem Gotteshaus predigte schon Martin Luther

WERNIGERODE BREITE STRASSE

Wieder eine bunte Stadt

Heute nennt sich Wernigerode wieder „die bunte Stadt am Harz" – den Beinamen verlieh ihr 1909 Heimatdichter Hermann Löns. Zu DDR-Zeiten war auch in Wernigerode Farbe Mangelware, an vielen Häusern bröckelten die Fassaden, faulten die Balken.

Dabei war die Stadt mit ihrem mittelalterlichen Fachwerk und der historischen Schlossanlage auch damals ein beliebtes Touristenziel. Das historische Rathaus zählt zu den schönsten Deutschlands, und der Hochharz lockte zu ausgedehnten Wanderungen. Leider war der Weg auf Nord-

In der Breiten Straße waren viele Fenster und Türen vernagelt – dennoch kamen Touristen. Das Bild entstand 1991

deutschlands höchsten Berg, den 1.142 Meter hohen Brocken, versperrt. Er lag im Grenzgebiet und war mit militärischem Spionagegerät bespickt. Die Harzer Schmalspurbahn, die seit 1899 von Wernigerode auf den Brockengipfel führte, ratterte längst nicht mehr bis dorthin.

Auch in der Innenstadt von Wernigerode rettete die Wende zahlreiche historische Gebäude vor dem Einsturz. Die gesamte 66 Hektar große Altstadt war schon zu DDR-Zeiten Denkmalschutzgebiet – Anfang der 1990er-Jahre wurde sie Hauptbestandteil des 110 Hektar großen Sanie-

rungsgebietes. Sie erhielt umfangreiche Fördermittel. In der Fußgängerzone Breite Straße, Burgstraße, Westernstraße wurden die Fachwerkhäuser besonders aufwendig saniert.

Auch die Kleinbahn fährt wieder von Wernigerode aus zum Brockengipfel. Statt Horchposten stehen dort heute ein Hotel und das Naturmuseum Brockenhaus.

Die Häuser sind wieder bewohnt, Läden und Lokale werben um Besucher, ein idyllischer Brunnenhof lädt zum Verweilen ein

ZEITZ MÄLZEREI & BRAUMEISTERHAUS
Biertradition

Im Süden von Sachsen-Anhalt, im Burgenlandkreis, liegt die Stadt Zeitz. Sie war einstmals Residenzstadt des Herzogtums Sachsen-Zeitz, wovon noch die Moritzburg zeugt. Die wunderschöne Altstadt wurde im Bombenhagel des Zweiten Weltkriegs schwer beschädigt. Schlimmer aber noch veränderte die Wohnungsbaupolitik zwischen 1970 und 1989 das Stadtbild. Große Flächenabrisse der verfallenen mittelalterlichen Stadtteile wurden verordnet. Plattenbausiedlungen entstanden –

Das Alte Brauhaus (links) war vor 200 Jahren eine der zwölf Brauereien in Zeitz. 1989 bröckelte es als unbewohnbare Ruine vor sich hin

von denen inzwischen viele wieder abgerissen wurden.

2004 fand in Zeitz die erste Landesgartenschau statt. Moritzburg und Schlossgarten wurden restauriert. Die Stadt erhielt Fördermittel des Landes und der EU, um möglichst viel von der historischen Bausubstanz zu retten. Diesem Umstand verdanken auch die Alte Mälzerei und das Braumeisterhaus in der Kalkstraße ihr Überleben. 1804 war das Brauhaus errichtet worden – als eine von zwölf Brauereien in der Stadt. Welchen Wert man in

Zeitz schon im Mittelalter auf ein kühles Bier legte, beweisen die Bierlagerkatakomben, die unter der Altstadt angelegt wurden. Sie können heute besichtigt werden.

Ende 2004 waren die Sanierungsarbeiten an beiden Gebäuden vollendet. Heute finden hier Veranstaltungen und Ausstellungen statt. Und der „Historische Bauhof Zeitz" demonstriert alte Baumethoden.

Heute ist das historische Fachwerkhaus wieder ein Schmuckstück der Bierstadt, und auch das Haus des Braumeisters (rechts) wurde gerettet

ZEITZ ORANGERIE
Wieder Touristenmagnet

Der Landesgartenschau Sachsen-Anhalt im Jahre 2004 verdankt die Orangerie von Schloss Moritzburg ihre Zukunft. Im 17. Jahrhundert entstand der Lustgarten für Herzog Moritz Wilhelm von Sachsen-Zeitz und seine Gemahlin Maria Amalia. Orangerien waren damals an Fürstenhäusern der letzte Schrei. In großen Pflanzkübeln wurden Orangen und Zitronenbäume gehalten, die in hellen Gebäuden die kalte Jahreszeit überdauern sollten. Diese Orangeriegebäude waren der Schlossarchitektur angepasst, hier fanden auch glanzvolle Feste statt.

Wo einst tropische Früchte überwinterten, stand in den 1980er-Jahren nur eine Bruchbude

Von all dem wollte man in der DDR natürlich nichts wissen – die feudalistische Vergangenheit wurde verteufelt. Der Park von Schloss Moritzburg wurde ab 1954 zum öffentlichen Kulturpark mit Teich, Wildgehege und Kinderspielplatz umgebaut. Das Orangeriegebäude aber verfiel, selbst für den Abriss wollte niemand das Geld bewilligen.

Im Vorfeld der Landesgartenschau wurde, zusammen mit Schloss und Schlosspark, auch die Orangerie saniert und rekonstruiert. Heute finden hier zahlreiche Veranstaltungen statt. Im Restaurant wird eine mediterrane Küche angeboten. Die gesamte Anlage des barocken Schlossensembles der Herzöge von Sachsen-Zeitz ist wieder ein Touristenmagnet.

Die Landesgartenschau brachte Farbe und neuen Glanz in die Orangerie

MERSEBURG GOTTHARDSTRASSE

Chemische Peinigung

Merseburg an der Saale ist eine der ältesten Städte im mitteldeutschen Raum, erstmals erwähnt vor über 1150 Jahren. Sie gilt als Tor zur schloss- und burgenreichen Weinregion des Saale-Unstrut-Tales. In Merseburg residierten Bischöfe und Herzöge. Ab 1815 war die Stadt Regierungssitz der preußischen Provinz Sachsen.

Merseburg wandelte sich im 20. Jahrhundert von einer Beamten- zur Industriestadt, die vor allem durch die in der Region entstandenen Chemiewerke Leuna und Buna geprägt wurde. Die Bevölkerung wuchs auf über 50.000 Menschen an (heute etwa 36.300). Neue Siedlungen entstanden, der historische Kern der Domstadt blieb jedoch trotz

*Bis Anfang 1988 war der traditionsreiche „Goldene Hahn"
in der baufälligen Gotthardstraße eine HO-Speisegaststätte*

starker Bombardierung im Zweiten Weltkrieg teilweise erhalten.

Im November 1967 wurde dann von der DDR-Verwaltung der Generalbebauungsplan für die breit angelegte „sozialistische Rekonstruktion" Merseburgs verabschiedet. Große Teile der Altstadt mussten sozialistischen Plattenbauten weichen. Bis heute sind sie Bestandteil des Merseburger Stadtbildes. Erst die Wende 1989 stoppte die vollständige bauliche Umgestaltung der Innenstadt. So blieb die Gotthardstraße im Herzen von Merseburg verschont. Die historischen Häuser befanden sich jedoch Ende der 1980er-Jahre in einem bedauernswerten Zustand, wozu auch die Schmutzbelastung durch die benachbarten Chemiewerke beigetragen hatte. Bereits 1990 wurde ein umfangreiches Sanierungskonzept für die Merseburger Altstadt erarbeitet. Heute ist die Gotthardstraße eine beliebte Einkaufsstraße der Merseburger und ihrer Gäste.

Die Wende verhinderte den Abriss.
Nach der Sanierung der Straße zog eine
Apotheke ein – der alte Schriftzug blieb erhalten

DESSAU JOHANNBAU

500 Jahre altes Museum

Die leuchtend weiße Fassade und der spitze Turm fallen schon von Weitem auf, wenn man sich der Stadt von Osten nähert. Während der DDR-Zeit fiel der Bau ebenso auf, allerdings als marode Ruine mit einem Dachgestühl ohne Ziegel und zugemauerten Fenstern. Keine schöne Visitenkarte für die drittgrößte Stadt im heutigen Land Sachsen-Anhalt.

Der Johannbau gehörte zum Stadtschloss der Fürsten zu Anhalt, er ist nach seinem Erbauer Johann IV. (1504–1551) benannt. Gegen Ende des Zweiten Weltkriegs brannte das prachtvolle Schloss aus. Süd- und Ostflügel wurden Ende der 1950er-Jahre abgetragen, der Westflügel dämmerte als Ruine durch die Jahrzehnte des Sozialismus. Abreißen wollte den Bau auch niemand –

Der 500 Jahre alte Westflügel des Schlosses
überdauerte als einziger Schlossteil Krieg und DDR

immerhin galt er als eines der schönsten Haupt-
werke der mitteldeutschen Frührenaissance und
eines der letzten historischen Gebäude der 90.000-
Einwohner-Stadt. Weil in Dessau die Junkers-
Flugzeugwerke standen, wurde die Stadt im
Zweiten Weltkrieg nahezu völlig zerstört.

1993 beschloss der Stadtrat von Dessau, das
wertvolle Restschloss zu restaurieren und als Museum für Stadtgeschichte herzurichten. Zwölf Millionen Euro flossen in das Projekt, zusammenge-
tragen von Bund, Land und Gemeinde. Die Geschichte der Stadt, die sich 2007 mit einer Nach-
bargemeinde zu Dessau-Roßlau vereinte, wird nun
auf 700 Quadratmetern anschaulich dargestellt.

Heute ist der Johannbau
ein würdiges Domizil,
um die 800-jährige Geschichte
der Stadt darzustellen

WITTENBERG CRANACH-HÖFE
Es wird wieder gemalt

Bereits 1986 wurde in einem Brief an den XI. Parteitag der SED auf die dringend notwendige Sanierung der historischen Cranach-Höfe hingewiesen. Doch die Versuche, durch Briefe eine Änderung in der Baupolitik der DDR zu erreichen, blieben ohne Erfolg. Schlimmer noch: Die Tür des Cranach-Hauses am Markt 4 wurde nun auch tagsüber verschlossen, damit die Touristen den massiven Verfall hinter der getünchten Fassade nicht mehr sehen konnten.

Und Touristem kamen aus aller Welt. Schließlich wirkte Martin Luther in Wittenberg, schlug hier 1517 seine berühmten 95 Thesen an die Tür der Schlosskirche. Er freundete sich eng mit dem berühmten Maler Lucas Cranach dem Älteren an, der vom Fürstenhof in die Elbestadt gerufen wurde.

45 Jahre, von 1505 bis 1550, lebte Cranach in Wittenberg, schuf hier fast 5.000 Werke. Zunächst wohnte er in einem Hof am Markt, dann erwarb

„Wo Häuser verkommen, verkommen auch Menschen",
steht auf dem Band im verfallenen Cranach-Hof in der Schlossstraße 1

der wohlhabende Künstler, der seit 1520 auch ein Apothekenprivileg besaß, den größten Wittenberger Hof an der Schlossstraße 1. Hier war seine Werkstatt und eine Malschule untergebracht, in der er nicht nur seinen Sohn, Lucas Cranach den Jüngeren, in der Kunst ausbildete.

In den Köpfen der DDR-Oberen war das Interesse an den historisch wertvollen Höfen weitgehend verloren gegangen. Sie wurden sich selbst überlassen und verkamen. Um sie vor dem drohenden Verfall zu retten, gründeten engagierte Wittenberger 1989 eine Bürgerinitiative, aus der die Cranach-Stiftung hervorging.

Seit 1992 werden die Cranach-Höfe umfassend saniert. Heute beherbergen sie eine Daueraus-

stellung zum Wirken von Lucas Cranach d. Ä. und seines Sohnes, Galerieräume, Künstlerwerkstätten und eine historische Druckerei. Eine Cranach-Herberge ist im Entstehen, die Cranach-Apotheke und eine Hofwirtschaft zeugen auch heute von den wirtschaftlichen Aktivitäten des Malers. Mit der seit 1994 arbeitenden „Malschule" der Cranach-Stiftung wurde eine alte Tradition wieder aufgegriffen.

Das Andenken des großen Malers der Renaissance hat wieder einen würdigen Rahmen – und junge Menschen lernen hier, wie einst mit Farbe und Pinsel umzugehen

OSTERWIECK BRAUNER HIRSCH

Schönstes Fachwerk

Die kleine Stadt mit ihren knapp 4.000 Einwohnern liegt an der „deutschen Fachwerkstraße". Im mittelalterlichen Stadtkern stehen rund 400 erhaltene Fachwerkbauten. Die blau-weißen Denkmalschilder sieht man in Osterwieck auf Schritt und Tritt.

Zu den historischen Gebäuden zählt auch der aus dem Jahre 1722 stammende Gasthof „Brauner Hirsch" auf dem Vogteiplatz. Über zwei Jahrhunderte lang wurden hier Speisen serviert. In der DDR stand das Gasthaus allerdings über Jahrzehnte

Abgebröckelter Schiefer, notdürftig angenagelte Teerpappe:
So sah Denkmalschutz in der DDR aus

leer und verkam. Für eine Sanierung gab es kein Material, kein Geld, kein Interesse. Dabei wurde schon in den 1970er-Jahren das gesamte Stadtzentrum in die zentrale Denkmalliste der DDR eingetragen und Teile davon auch saniert. Vieles blieb jedoch auf der Strecke. So auch der Gasthof „Brauner Hirsch". Ohne die Wende wäre das Haus irgendwann zusammengefallen.

Der Eigeninitiative eines Ehepaares aus Osterwieck ist es zu verdanken, dass das Gebäude erhalten blieb. Sie haben es mit großem Aufwand saniert.

1997 konnte das romantische Drei-Sterne-Hotel eröffnet werden.

Seit 1991 wird über das Förderprogramm „Städtebaulicher Denkmalschutz" die Sanierung der historischen Fachwerkhäuser fortgeführt. Osterwieck gilt heute neben der zehn Kilometer entfernten Partnerstadt Homburg (Niedersachsen) zu den schönsten Fachwerkstädten Deutschlands. Nach dem Untergang der einstigen Handschuhindustrie setzt die Gemeinde auf den Tourismus.

Das jahrhundertealte Fachwerk ist freigelegt,
im Hotel wohnen wieder Gäste

BERLIN PARISER PLATZ
Symbol der Teilung

Über vier Jahrzehnte lang war das Brandenburger Tor das Symbol der deutschen Teilung. Es stand hinter der tödlichen Grenzmauer, unzugänglich von beiden Seiten, streng bewacht von DDR-Grenzposten.

Vor dem Krieg war der Platz hinter dem Brandenburger Tor von Gebäuden umgeben. Der Pariser Platz, 1734 von Preußenkönig Friedrich Wilhelm I. angelegt, galt als das „Wohnzimmer" der Berliner. Hier standen Botschaften, das berühmte Hotel Adlon, Läden und Cafés. Was der Krieg nicht zerstörte, ließ die SED niederreißen. Rund um das Tor entstand eine Freifläche, die später begrünt wurde. Seit dem Mauerbau am 13. August 1961 war der Platz Sperrgebiet.

Nach dem Fall der Mauer wurde lange über die Gestaltung des Pariser Platzes diskutiert. Man wollte historische Elemente mit moderner Bauweise verbinden, an die 1920er-Jahre anknüpfen. Über das Resultat sind die Meinungen geteilt. Aber wie vor dem Krieg wird das Tor wieder von den Botschaften Frankreichs und der USA flankiert. Das Hotel Adlon verbindet wie einst den Pariser Platz mit dem Prachtboulevard Unter den Linden – und das Wichtigste: Das berühmte Brandenburger Tor, einst Symbol der Teilung, ist heute offen.

1989 war der Pariser Platz hinter dem Brandenburger Tor eine begrünte Freifläche und Sperrgebiet. Die Westberliner Straße des 17. Juni (unten) endete an der Mauer

Heute: Das Tor ist weit offen. Rechts davon entstand die US-Botschaft, links die französische. Das Hotel Adlon mit dem grünen Kupferdach begrenzt den Pariser Platz

BERLIN KUPFERGRABEN

Begehrte Adresse

Die SED-Regierung war so stolz auf das Zentrum ihrer Hauptstadt, den „Palast der Republik", den Fernsehturm, das Palast-Hotel. Wenige Schritte entfernt lockte die weltberühmte Museumsinsel Millionen Besucher ins Pergamonmuseum, vorbei an den viergeschossigen Bürgerhäusern am Kup-

fergraben. Sie waren im frühen 19. Jahrhundert von Kaufleuten am Spreeufer errichtet, während des Krieges schwer in Mitleidenschaft gezogen und nur notdürftig wieder instand gesetzt worden. Noch in den 1980er-Jahren waren die Einschusslöcher zu sehen, ein Teil des Daches fehlte, Fens-

Unmittelbar an der berühmten Museumsinsel hatten die Häuser 1989 noch Einschusslöcher. Geheizt wurde mit Briketts

ter und Türen verwitterten, Balkone drohten abzustürzen. Und das im Schaufenster der DDR, dem Zentrum Berlins.

Mitte der 1990er-Jahre erwarb der Werler Bau-Tycoon Heinz Meermann zahlreiche Häuser in Berlins historischer Innenstadt, darunter auch die Gebäude in der Kupfergasse. Aus dem Brikettkeller wurde ein Restaurant, im einst vollgerümpelten Innenhof sprudelt heute ein historischer Springbrunnen, die verfallenen Treppenhäuser wurden liebevoll und aufwendig restauriert, Wohnungen und Büros haben Spitzenstandard. „Die

Sanierungskosten", sagt einer seiner Investoren, „betrugen ein Mehrfaches des Kaufpreises." Steuervorteile und die exponierte Lage machten das Engagement zu einer lohnenden Investition.

Besichtigen kann man die Gebäude unweit des Regierungsviertels nicht. Die schicken Etagen sind bei Regierungsmitgliedern begehrt. Selbst die Kanzlerin bewohnt eine Etage. Ein dezent agierender Personenschutz lässt ungebetene Gäste nicht hinein.

In den aufwendig sanierten Wohnungen
fühlt sich 2009 sogar die Kanzlerin wohl

BERLIN POTSDAMER PLATZ
21. Jahrhundert

Die alte Pracht ist nicht zurückgekehrt, und längst nicht alle Berliner haben zur neuen Bebauung des Potsdamer Platzes applaudiert. Vor dem Zweiten Weltkrieg war dieser Platz der verkehrsreichste in ganz Europa – mit Cafés, Kinos, Varietétheatern, Grandhotels. Nach dem Krieg verlief die Sektorengrenze quer über den Platz, und nach dem 13. August 1961 die Mauer. Auf der östlichen Seite wurden sämtliche Gebäude abgerissen, um einen extrem breiten Todesstreifen zu schaffen. Westlich der Mauer kaufte der Senat die restlichen Ruinen auf und ließ sie abreißen.

Nirgendwo sonst war der Todesstreifen so breit wie am Potsdamer Platz.
Touristen konnten von einer Plattform in den Osten schauen. Ein Foto zeigte den Platz, wie er früher war

Geplant war, die Trasse der Stadtautobahn über den tristen Platz zu führen.

Drei Tage nach der Maueröffnung wurde am Potsdamer Platz ein Übergang geschaffen, wenige Monate später präsentierte die Rockgruppe Pink Floyd noch einmal ihr legendäres Konzert „The Wall" – auf einer Bühne, die gleichzeitig in zwei Staaten stand. Nach der Wiedervereinigung am 3. Oktober 1990 erwarb die DaimlerChrysler AG fast alle Grundstücke des Potsdamer Platzes. Die Idee, die Vorkriegsbebauung zu rekonstruieren, fiel rasch unter den Tisch. Stattdessen entstand auf Europas größter Baustelle die „City des 21. Jahrhunderts": mit dem Sony-Center, dem Bahn-Tower, dem beherrschenden Daimler-Komplex, mit Kino, Luxushotel und Einkaufspassagen. Lediglich ein altes Gebäude, das Weinhaus Huth, ist übrig geblieben und beherbergt ein Restaurant.

Trotz der völlig veränderten Skyline ist der Potsdamer Platz wieder ein Verkehrsknotenpunkt mitten in Berlin.

Fünf Straßen treffen sich nach wie vor am Potsdamer Platz,
aber statt der historischen Bebauung entstand eine ultramoderne Skyline

BERLIN NEUE SYNAGOGE
Schatten der Vergangenheit

Die Oranienburger Straße war eine der großen Flaniermeilen der Berliner. Während der DDR-Zeit bröckelten auch hier die Fassaden, waren viele Fenster vermauert und die Kriegsschäden unübersehbar. Als Mahnmal ragte die zerstörte Kuppel der Neuen Synagoge über die Dächer. Das größte jüdische Gotteshaus in Deutschland, 1866 eingeweiht, hatte zwar die Nazi-Progromnacht dank eines mutigen Polizeibeamten überstanden. Es wurde aber im Krieg von Bomben schwer beschädigt und später großenteils abgerissen. Nur die Fassade blieb stehen.

Am 9. November 1988, zum 50. Jahrestag der Progromnacht, beschloss die DDR-Regierung, die Synagoge wieder aufzubauen. Es wurde sogar ein Grundstein gelegt. Genau ein Jahr später fiel die Mauer – und von da an flossen umfangreiche Mittel, um den Bau voranzutreiben. Der vordere Teil der Synagoge wurde im alten Stil wiederhergerichtet, 1995 konnte das „Centrum Judaicum" eingeweiht werden. Im schwer bewachten Komplex ist nun ein Museum zur Geschichte der jüdischen Menschen in Berlin untergebracht. Es wurde lediglich ein kleiner Gebetsraum eingerichtet. Die Wiederherstellung der Neuen Synagoge als Gotteshaus war verworfen worden – man wollte die düsteren Schatten der Vergangenheit nicht auslöschen.

Die goldenen Ornamente der riesigen Kuppel und der beiden Türme glänzen heute wie einst. Und die Oranienburger Straße ist wieder ein belebter und farbenprächtiger Boulevard mit vielen Facetten.

40 Jahre nach Kriegsende mahnte die ausgebrannte Neue Synagoge an schreckliche Zeiten

Heute: Die Synagoge wurde zum Museum. Ihre goldenen Turmhauben im maurischen Stil fallen von Weitem auf

BERLIN HACKESCHE HÖFE
Trabbi-Werkstatt ade

1906/07 wurde in der jüdisch geprägten Spandauer Vorstadt, einen Steinwurf vom Stadtzentrum entfernt, ein für seine Zeit einmaliger Gebäudekomplex errichtet: die Hackeschen Höfe am Hackeschen Markt. Sie wurden nach dem ehemaligen Stadtkommandanten Graf von Hacke benannt. In der um acht Höfe herum gruppierten Bebauung gab es Festsäle, Läden, Büros, Theater, kleine Fabrikationsbetriebe und 80 für die Epoche ungewöhnlich moderne Wohnungen mit Bädern und Zentralheizung. Ungewöhnlich ist auch die Gliederung des Komplexes: zur Straße hin Gewerbebetriebe, im Blockinnern Wohnungen. Während die Gestaltung allgemein zurückhaltend war,

Tristesse im Jugendstilhof Mitte der 1980er-Jahre. Links neben der Torduchfahrt befand sich eine Trabbi-Werkstatt. Kaum ein Tourist verirrte sich zu DDR-Zeiten in diesen Teil der Stadt

wurde der erste Hof nach einem Entwurf des Jugendstilarchitekten August Endell mit farbigen Klinkern dekoriert.

Zu Zeiten der DDR wurde der riesige Komplex, der in den 1930er-Jahren vor allem die Firmenzentrale eines Kaufhauskonzerns beherbergte, enteignet und wie ein beliebiger Gewerbehof genutzt. Die Fassade am Hackeschen Markt verlor ihr Dekor, ein Schaden durch Bombentreffer wurde nur notdürftig repariert, die Instandhaltung jahrzehntelang vernachlässigt. In den ehemaligen Festsälen probte das Fernsehballett, der VEB Herrenbekleidung und der VEB Kühlanlagenbau nutzten einige Säle als Lagerräume, eine Trabant-Autowerkstatt wurde eingerichtet. Als kultureller Ort verblieb allein die Jugendtanzgaststätte Sophienclub.

Erst ab 1994, fünf Jahre nach der Wende, rekonstruierten neue Eigentümer die 100 Jahre alten Gebäude sehr aufwendig. Heute gibt es hier viele originelle Läden, eine fantasievolle Gastronomie, Kreativbüros und kleine Theater. Die Hackeschen Höfe sind ein Touristenmagnet geworden und strahlen auf die gesamte Umgebung aus.

Die Jugendstilfassaden in neuem Glanz. Heute sind die 100-jährigen Hackeschen Höfe dank ihrer Atmosphäre ein Muss für den Berlin-Besucher

RIETZ SCHLOSS GROSS RIETZ

„Junkerland in Bauernhand"

Der Putz war lange abgefallen, die übrige Bausubstanz marode. Im einst herrschaftlichen Park pflanzten Kleingärtner Gemüse an. So wie viele andere brandenburgische Adelssitze befand sich auch das barocke Schloss Groß Rietz, 60 Kilometer von Berlin entfernt, 1990 in einem traurigen Zustand. Die politisch gewollte Vernachlässigung zu DDR-Zeiten hatte ihre unübersehbaren Folgen. Mit dem Ende des Zweiten Weltkriegs fing es an. Der Park wurde abgeholzt, die Bäume verheizt.

Schlösser wurden in der DDR zumeist umfunktioniert. In den maroden Räumen des Barockbaus war ein Kindergarten untergebracht, später Wohnungen für Umsiedler

Das noch intakte Schloss wurde als Kindergarten genutzt, aber im Laufe der Jahrzehnte dem Verfall überlassen.

Dann kam die Wende und mit ihr der alte märkische Landadel zurück. Ein Nachfahre der Familie Marwitz wollte das Schloss seiner Ahnen wieder haben. Er „hauste" erst im ehemaligen Atelier seiner Großmutter unter dem Dach. Mit der Treuhand verhandelte er insgesamt vier Jahre um die Rückübertragung. Er bekam ein paar Wirtschaftsgebäude zurück. Das Schloss nicht. Unter dem Motto „Junkerland in Bauernhand" hatten die russischen Besatzer bis 1949 Enteignungen ausgesprochen, die laut Bundesverfassungsgericht rechtskräftig sind. Die Brandenburgische Schlösser GmbH übernahm die Restaurierung von Groß Rietz, das marode graue Gebäude wandelte sich in ein farbenfrohes Prachtstück. Auch der Schlosspark nimmt mehr und mehr seinen ursprünglichen Zustand wieder an. Und der Altadel ist mittlerweile ganz froh, nicht Schlossherr sein zu müssen: „Für solch einen Kasten braucht man viel zu viel Personal."

In alter Pracht wartet Schloss Groß Rietz heute darauf, wieder genutzt zu werden – vielleicht als Hotel

TREUENBRIETZEN GILDENHAUS

Ältestes Fachwerkhaus Brandenburgs

Treuenbrietzen ist eines der vielen mittelalterlichen Städtchen im Südwesten Brandenburgs: etwa 8.200 Einwohner, im 13. Jahrhundert erstmals erwähnt, am Rande des Flämings gelegen, mit erhaltener Stadtmauer und historischem Baubestand. Dieser zerfiel seit den 1950er-Jahren zwar zusehends, aber für Abriss und Plattenbauten fehlten glücklicherweise die Mittel. Nach der Wende wurde Treuenbrietzen in die Liste der brandenburgischen Arbeitsgemeinschaft „Städte mit historischen Stadtkernen" aufgenommen. 31 Städte erhielten Mittel des Bundes, des Landes oder der Stiftung Denkmalschutz, um zu retten, was zu retten war. Fast 600 Gebäude sollen in Treuenbrietzen saniert werden, erst 2016 wird die Altstadt komplett in alter Pracht glänzen.

Da ist beispielsweise ein unscheinbares, schmales Haus in der Großstraße 112, der Hauptstraße von Treuenbrietzen. Das „Gildenhaus" aus dem Jahre 1540 gilt als ältestes erhalten gebliebenes Haus der Stadt. Es wurde als Handelshaus gebaut, in dem Kleinkrämer wohnten, ihre Waren lagerten und feilboten. Die ungewöhnliche, etwas wild wirkende Fachwerkkonstruktion verschwand im Laufe der Jahrhunderte unter Mörtel, es wurden größere Fenster gebrochen, andere zugemauert.

Noch 1998 drohte dem historischen Bau der Abriss, doch dann übernahm ihn die Stadt und setzte ihn bis 2003 instand. Die Kosten beliefen sich auf knapp 200.000 Euro. Bei den Stadtrund-

gängen, die vom Tourismusbüro organisiert werden, wird die Geschichte des „Gildenhauses" ausführlich geschildert.

Treuenbrietzen konnte 2008 seine erstmalige urkundliche Erwähnung feiern – mit einem Stadtbild, das im Mittelalter kaum schöner war.

1998 steht das 450 Jahre alte Haus vor dem Abriss. Das alte Fachwerk ist längst mit Mörtel verkleistert

Nicht wiederzuerkennen: Das Fachwerk wurde freigelegt,
auch die Fenster entsprechen wieder der alten Anordnung

POTSDAM KAISERIN-AUGUSTA-STIFT
Die KGB-Zentrale

Am Heiligen See in Potsdam stehen die schönsten
Villen der Stadt, viele von Prominenten bewohnt.
Ein ganzes Viertel aber war zu DDR-Zeiten gesperrt:
Die sowjetische Militärverwaltung hatte die Ge-
bäude belegt, die Straßen abgeriegelt. Das Kai-

Wechselvolle Geschichte:
Über 40 Jahre verbreitete der KGB von
hier aus Angst und Schrecken.
Das ehemalige Mädchenpensionat
lag in der „verbotenen Stadt"

serin-Augusta-Stift am „Neuen Garten" nahe des Schlosses Cecilienhof diente dem KGB als Europazentrale. In der ehemaligen Hauskapelle wurden harte Urteile gefällt. Das 1902 errichtete Stift ging auf eine Gründung von Kaisergattin Augusta zurück und blieb bis zum Ende des Zweiten Weltkriegs ein Internat für höhere Töchter. 1931 war es die Kulisse für den 1958 mit Romy Schneider neu inszenierten Film „Mädchen in Uniform".

Nach dem Sowjetabzug 1994 erwarb die Prinz von Preussen Grundbesitz AG die imposante Anlage und machte sie zu ihrem Flaggschiff. 14,5 Millionen Euro steckte sie in das denkmalgeschützte Gebäude und schuf 44 exklusive Eigentumswohnungen. Im Mai 2008 erhielten die Eigentümer ihre Schlüssel, darunter – passend zur Filmhistorie – Prominente aus Film, TV und Wirtschaft.

Auch Günther Jauch kam als überzeugter Potsdamer zur Einweihung und zeigte sich beeindruckt von der Leistung des Bauherrn: „Das war eine mutige Tat." Er kann es beurteilen, schließlich hat er selber einige Häuser in Potsdam restaurieren lassen.

Ort der Besinnung: Der neu gestaltete Innenhof. Hinter den denkmalgeschützten Fassaden haben viele Prominente noble Wohnungen erworben

POTSDAM HOLLÄNDISCHES VIERTEL
Backstein-Flair

Betritt man Potsdam durch das Nauener Tor, so findet man auf der linken Seite ein europaweit einzigartiges Bauensemble – das Holländische Viertel: vier Karrees mit etwa 140 Backsteinhäusern, unverputzt, mit weißen Fugen, Fensterläden und zum Teil geschwungenen Giebeln. Das Viertel wurde zwischen 1732 und 1742 errichtet. Es sollte holländische Handwerker nach Potsdam locken. Die Holländer kamen nicht sehr zahlreich und so bezogen französische und preußische Handelsvertreter, Künstler und Soldaten die roten Backsteinhäuser.

Ende der 1980-Jahre – das Holländische Viertel steht vor dem Ruin, fast alle Häuser sind unbewohnt.
Die DDR-Regierung versprach eine großflächige Sanierung …

Der Zweite Weltkrieg hinterließ im Holländischen Viertel nur wenig Schaden. Das änderte sich in der Zeit des Sozialismus. Vergeblich versuchten die Bewohner, den permanenten Verfall ihrer Häuser aufzuhalten. Doch es standen keine Mittel zur Verfügung. Gerade mal vier Häuser wurden zwischen 1973 und 1977 instand gesetzt. Diese sogenannten „Experimentalbauten" fanden bei der Bevölkerung so viel Resonanz, dass das ganze Viertel 1977 unter Denkmalschutz gestellt und eine großflächige Sanierung versprochen wurde. Dazu wurde das Viertel „freigezogen" – zur Wendezeit standen 70 Prozent der Gebäude leer.

Niemand weiß, was ohne Wende aus den Häusern geworden wäre. Seit 1991 wurde restauriert und wieder aufgebaut. Bund, Land und Stadt unterstützten private Bauherren mit beträchtlichen Fördermitteln.

Heute findet der Besucher bei einem Rundgang durchs Quartier wunderschön hergerichtete Wohnhäuser. Daneben laden exklusive Läden und gemütliche Cafés und Restaurants zum Besuch. Das besondere Flair des Viertels ist zurückgekehrt.

Inzwischen sind die meisten der alten Backsteinhäuser wieder in einem Topzustand –
die Straßenzüge erinnern an heimelige holländische Städtchen

POTSDAM BRANDENBURGER STRASSE
Der neue Broadway

Zur preußischen Residenzstadt Potsdam hatte die DDR-Führung ein gespaltenes Verhältnis. Einerseits erkannte man die großen kulturellen Leistungen der alten Preußenkönige an, andererseits wurden viele Bauten als Ausdruck des unheilvollen preußi-schen Militarismus angesehen – was Sowjets und DDR-Führung aber nicht daran hinderte, die alten Kasernen ebenfalls militärisch zu nutzen. Immer-hin, Parkanlagen und Schloss Sanssouci wurden gepflegt, sie zogen Millionen Besucher an.

Potsdams Haupteinkaufsstraße in den 1970er-Jahren. Zwischen dem Brandenburger Tor und der Kirche St. Peter und Paul suchten die Bürger nach Angeboten

Die Potsdamer Innenstadt teilte das Schicksal anderer Städte des Landes. An den barocken Gebäuden nagte der Zahn der Zeit. Repariert wurde nur das Nötigste, und auch das unterblieb häufig. Gegen die Wohnungsnot wurden im Potsdamer Süden Plattenbausiedlungen errichtet. Im Norden riegelte die Grenzbefestigung Potsdam nach Westberlin ab.

1990, zwischen Maueröffnung und Wiedervereinigung, beantragten beide deutschen Staaten bei der UNESCO, die ehemals königlichen Schlösser und Gärten von Berlin und Potsdam in die Liste des Weltkulturerbes aufzunehmen. Dem Antrag wurde sofort stattgegeben. Fast zeitgleich setzte in Potsdam eine immense Restaurierungswelle ein.

Die Brandenburger Straße gilt heute als der „Broadway" der Stadt – mit Luxusgeschäften, Straßenmusikanten, Kneipen, Cafés und kleinen, originellen Läden auf den Höfen. Auch die lauschigen Seitenstraßen, einst triste Stolperfallen, laden wieder zum Flanieren, Schauen und Shoppen ein.

Zahlreiche Straßencafés und originelle kleine Läden werben gemeinsam mit Fastfood-Ketten um Kundschaft

SCHWIELOWSEE SCHLOSS CAPUTH

Wie vor 300 Jahren

Einer der zahlreichen Havelseen rund um Potsdam ist der Templiner See. An ihm liegt das Dorf Caputh, das heute zur Gemeinde Schwielowsee gehört und das vor allem durch sein prachtvolles Schloss berühmt wurde. Es ist im 17. Jahrhundert von den brandenburgischen Kurfürsten erbaut worden – rund 100 Jahre, bevor die Preußen im benachbarten Potsdam Schloss Sanssouci errichteten.

Das Lust- und Jagdschloss Caputh ist in 300 Jahren kaum verändert worden. Grundriss, Fassade und Deckengemälde entsprechen den ursprünglichen Entwürfen. Zuletzt hatte Preußenkönig Friedrich I. um 1705 das Schloss umgestaltet.

Während Schloss Sanssouci auch von der DDR-Regierung als Touristenmagnet gepflegt wurde,

Schloss Caputh war lange Jahre Berufsschule und Ausbildungsstätte,
obwohl das Dach als einsturzgefährdet galt

standen für die Schlossanlage in Caputh kaum Mittel zur Verfügung. Das brandenburgische Schloss war Anfang des 19. Jahrhunderts in Privatbesitz gelangt und nach dem Zweiten Weltkrieg enteignet worden. Weil es den Krieg weitgehend unzerstört überstanden hatte, diente es zunächst als Berufsschule und später, in den 1980er-Jahren, als Weiterbildungseinrichtung des Kombinats Elektronische Bauelemente Teltow. Einige wenige Instandsetzungsmaßnahmen fanden zwar statt, jedoch nicht in der erforderlichen Qualität: Bei einer Dacheindeckung war es beispielsweise versäumt worden, die über 300 Jahre alten, vom Hausschwamm angegriffenen Balken zu sanieren. Für die über Jahrhunderte erhaltenen Decken-

gemälde bestand die akute Gefahr eines Einsturzes.

Nach der Wende stand das Schloss mehrere Jahre leer, was der Bausubstanz sehr abträglich war. 1995 übernahm das Land Brandenburg Park und Gebäude, drei Jahre später galt der Barockbau als das wichtigste Restaurierungsprojekt der Stiftung Preußische Schlösser und Gärten Berlin-Brandenburg. 1999 eröffnete in dem ehemaligen kurfürstlichen Lusthaus ein Schlossmuseum, in dem heute Gemälde und Kunsthandwerk aus der Zeit um 1700 präsentiert werden.

Mehrere Millionen Euro investierte die Stiftung Preußische Schlösser in das ehemalige Jagdschloss der Kurfürsten von Brandenburg

PERLEBERG BÄCKERSTRASSE

Entmilitarisierte Stadt

31 Klein- und Mittelstädte in Brandenburg schlossen sich nach der Wende zur Arbeitsgemeinschaft „Städte mit historischen Stadtkernen" zusammen. Sie alle standen vor einem Problem, das die Kreisstadt Perleberg in einer Broschüre so formulierte: „Im Spannungsfeld von desolater Bausubstanz, denkmalgerechter Sanierung, ungeklärten und neuen Eigentumsverhältnissen, Förderprogrammen, mangelndem Eigenkapital, Wertewandel, Mobilität, Bürgersinn, Bevölkerungsverlust und Tourismus sind Lösungen gefragt, die die Vorzüge der Kleinstadt hervorheben. Einst verfallene und verlassene Altstädte wieder zu Mittelpunkten zu gestalten, ist noch immer eine aktuelle Herausforderung."

Perleberg, nahe am damaligen Grenzstrom Elbe gelegen, war von 1945 bis 1992 Standort der Sowjetarmee und der DDR-Grenztruppen. Große Summen flossen in die Garnisonen, für die Innenstadt blieb wenig übrig. Die Bäckerstraße wurde zwar 1974 zur Fußgängerzone erklärt, aber immer mehr Schaufenster blieben leer. Viele Fachwerkhäuser waren schon Jahrhunderte zuvor verputzt worden, um wertvollere Steinhäuser vorzutäuschen – mangels Baumaterial blätterten die Fassaden in den 1970er- und 1980er-Jahren immer heftiger ab.

Seit 1991 wurde der Verfall gestoppt. 39 der 44 Gebäude sind bis 2007 saniert worden. Kleine individuelle Läden zogen in die Bäckerstraße, deren unterschiedlich hohe Häuser in verschiedenen Baustilen der Straße eine besondere Atmosphäre verleihen. Die Altstadt gilt wieder als

attraktive Wohnlage, und auch Touristen kommen heute gerne nach Perleberg. Nach 300 Jahren als Garnisonsstadt ist Perleberg heute „entmilitarisiert".

1974 wurde die Bäckerstraße zur Fußgängerzone erklärt. Die Gefahren kamen nicht mehr auf Rädern, sondern als loser Fassadenputz von oben

*Die trutzige St.-Jacobi-Kirche schaut auf eine Straße mit netten Cafés
und individuellen Läden. Auch das Antennenmeer verschwand von den Dächern*

ANGERMÜNDE GUT WILMERSDORF

Abriss genehmigt

Tausendfach gab es solche Gutshöfe in den weiten Gebieten jenseits der Elbe. Güter, von denen ganze Dörfer abhängig waren. Der Besitzer von Gut Wilmersdorf floh mit seiner Familie in den letzten Kriegstagen. Im Zuge der sozialistischen Bodenreform wurden Gebäude und Ländereien 1947 enteignet und in ein sogenanntes volkseigenes Gut überführt. Unter schwersten Bedingungen und mit primitiven Mitteln wurde versucht, das Land zu

bewirtschaften. Etwa 350 Landarbeiter waren beschäftigt, aber durch unqualifizierte Leitung wies der Betrieb viele Jahre lang Verluste aus. Mit welchen Mitteln sollte man das Gut instand halten? Als 1967 erstmals Gewinne eingefahren wurden – die Beschäftigten erhielten eine Jahresprämie von 2.500 Mark –, waren die meisten Gebäude schon verfallen. Das Gutshaus, ein zweigeschossiger Fachwerkbau von 1690, stand leer, es hatte ein

Das einstmals prachtvolle Gutshaus war unter der Verwaltung der Genossenschaft nur noch eine abbruchreife Ruine

schadhaftes Dach und zerstörte Fensterscheiben. Zwei Seitenflügel waren bereits eingestürzt.

Seit 1626 waren das Gut und das Dorf Wilmersdorf im Besitz der Familie von Buch. Nach der Wende schrieb die Treuhandanstalt das heruntergekommene Gut aus. Den Zuschlag erhielt ein Biolandwirt, der mit Unterstützung eines Mitglieds der Familie Buch geboten hatte. So produziert das Gut seit 1996 nach ökologischen Grundsätzen und betreibt seine Versuche zum Getreideanbau mit wissenschaftlicher Unterstützung.

Für das Gutshaus lag eine Abrissgenehmigung vor, da eine Rettung aussichtslos erschien. Der neue Eigentümer: „Wir entschlossen uns aufgrund des unschätzbaren Wertes des Hauses für den Hof und das Dorf dennoch zu einer Komplettsanierung." Sie dauerte vier Jahre. Die Seitenflügel waren beim besten Willen nicht mehr zu retten. Das Gutshaus aber ist seither der Blickfang des Dorfes, das 2003 nach Angermünde eingemeindet wurde. Es dient dem Gut als Wohn- und Bürohaus zugleich.

Für die gelungene Sanierung erhielten Architekt und Bauherr den Brandenburgischen Denkmalpflegepreis 2006.

Vier Jahre dauerten die Restaurierungsarbeiten.
Auf dem Gutshof werden heute Ökoprodukte erzeugt

BRANDENBURG AN DER HAVEL
ALTSTÄDTISCHE FISCHERSTRASSE
Keine Prunkbauten

Die Stadt Brandenburg an der Havel gab der Mark Brandenburg und dem Bundesland den Namen. Ihre Innenstadt entstand aus drei Stadtkernen, der Altstadt, Neustadt und Dominsel, die im Laufe der Jahrhunderte zusammengewachsen sind. Brandenburg an der Havel hat die Kriege weitgehend intakt überstanden. In den 1980er-Jahren war die Bausubstanz jedoch auch hier durch fehlende Investitionen äußerst gefährdet. Die rasant angewachsene Bevölkerung lebte hauptsächlich in den neuen und komfortableren Plattenbausiedlungen am Stadtrand. Wie in der Altstädtischen Fischerstraße verließen die letzten Innenstadtbewohner nach und nach ihre

Vernachlässigte, äußerlich unscheinbare Wohnhäuser prägten das Erscheinungsbild der Altstädtischen Fischerstraße vor der Wende

Häuser, die teilweise noch aus dem 15. Jahrhundert stammten. Die Wende 1989 bedeutete für die Innenstadt die Rettung in letzter Minute vor dem Flächenabriss.

Anfang 1990 wurde Brandenburg an der Havel neben Stralsund, Weimar und Meißen zur Modellstadt des städtebaulichen Denkmalschutzes ausgewählt und seitdem kontinuierlich und umfangreich durch Städtebaufördermittel unterstützt. Gut 20 Jahre später ist ein großer Teil der mittelalterlichen und barocken Bauten saniert und gesichert. Zwei Drittel der Häuser, viele von ihnen denkmalgeschützt, gelten als gerettet. Auch zahlreiche Straßen und die Versorgungsnetze wurden erneuert.

Die Menschen, die einst von einer Plattenbauwohnung schwärmten, haben das innerstädtische Wohnen in alten, komfortabel sanierten Häusern wiederentdeckt. Auch in der Altstädtischen Fischerstraße leben heute wieder gerne Familien – zentral und doch nur ein paar Schritte von der Havel und der größten Seenlandschaft Deutschlands entfernt.

Viele der Wohnhäuser mit jahrhundertealter Baugeschichte sind inzwischen mit Unterstützung durch öffentliche Fördermittel denkmalgerecht saniert

RIBBECK DORFKIRCHE

Der Birnbaum des Herrn von Ribbeck

Kaum jemand würde das kleine Dörfchen Ribbeck noch kennen, das schon längst ein Stadtteil von Nauen bei Berlin geworden ist. Wenn, ja wenn nicht Theodor Fontane dem Gutsherr Hans Georg von Ribbeck (1689–1759) ein rührendes Gedichtchen gewidmet hätte: „Herr von Ribbeck auf Ribbeck im Havelland" schenkte Kindern stets Früchte von seinem Birnbaum. Als er starb, ließ er sich eine Birne ins Grab legen, aus der wieder ein Baum wuchs – mit Früchten für die Kinder.

Der Stumpf dieses Baumes wird seit 1911 in der Kirche von Ribbeck aufbewahrt, in der sich auch die Grufte der Familie Ribbeck befinden. Dass

1997 war der Kirchturm bereits saniert. Nur die Fassade zeugt noch von Vernachlässigung

dieses Kirchlein noch steht, ist den Bewohnern der Region zu verdanken. Die Stadtverwaltung Nauen hatte die Kirche aufgrund ihres erbärmlichen baulichen Zustandes 1976 als „Ruine" deklariert. Mit Mühe wurde der Abriss verhindert. Nach der Wende kamen Spenden aus allen Teilen Deutschlands, um die kleine Kirche zu retten und wieder instand zu setzen. 2000 wurde sogar ein neuer Birnbaum gepflanzt. Kirche und Dorf waren 2007 Drehort des Krimis „Heiliger Birnbaum" mit Ottfried Fischer als Pfarrer Braun.

Der Gutshof der Ribbecks war 1947 enteignet und von 1956 bis 2004 als Altenheim genutzt worden. Derzeit lässt ihn der Landkreis Havelland denkmalgerecht sanieren. Ein Nachfahre der Familie, Friedrich-Carl von Ribbeck, wohnt wieder im Dorf und betreibt eine Schnapsbrennerei – natürlich für Birnenschnaps.

Heute ist die Kirche ein Besuchermagnet in der Region. Und seit dem Jahre 2000 wächst auch wieder ein Birnbaum auf dem einstigen Friedhof

COTTBUS ALTMARKT
Italienisches Flair

Die Stadt am Oberlauf der Spree ist berühmt für ihre weitläufigen Parkanlagen. Mehr noch schwärmte die DDR-Führung von Cottbus als wichtigstem Energielieferanten der Republik – dank der umliegenden Braunkohlevorkommen. Sie wuchs zur Großstadt mit über 130.000 Einwohnern, für die großzügige Neubaugebiete erschlossen wurden. Inzwischen sind etwa 30.000 fortgezogen.

Zum Glück bemühte sich die Stadtverwaltung auch zu DDR-Zeiten, den historischen Altmarkt aus dem 13. Jahrhundert nicht ganz verkommen

1989 war der historische Altmarkt ein Parkplatz für Trabbis und Motorräder.
Vom Kirchturm stand nur noch ein Stumpf

zu lassen. Zwar wurde das alte, im Krieg ausgebrannte Rathaus 1946 abgerissen, wodurch sich der Platz deutlich vergrößerte. Doch andere zerbombte Häuser wurden mehr oder weniger gelungen im alten Stil ersetzt. Der Platz an sich, vor dem Krieg der Salon der Cottbuser, war indes zum Parkgelände degradiert, die Pflasterung in einem katastrophalen Zustand.

Die Wende brachte frische Farbe auf die Fassaden. Die Häuser wurden aufwendig saniert und im Innern modernem Wohnkomfort angepasst. Rund um den Marktplatz eröffneten Restaurants und

Cafés mit Außenterrassen, und auf dem Platz finden im Sommer wieder zahlreiche Veranstaltungen statt. „Der Altmarkt", schwärmt eine überregionale Zeitung, „hat heute ein ausgesprochen italienisches Flair." Cottbus hat sich zu einer lebens- und liebenswerten Stadt entwickelt.

Heute wachsen junge Bäume auf dem Platz, die Restaurants haben Schatten spendende Markisen, und auch die spätgotische Oberkirche hat wieder eine Turmspitze

COTTBUS BRANDENBURGER PLATZ
Sozialistische Musterstadt

„Wir bleiben hier stehen!" Mit dieser trotzigen Losung protestierten zum Ende der 1980er-Jahre engagierte Cottbuser Bürger gegen den Verfall der Gründerzeitbauten am Ernst-Thälmann-Platz, dem heutigen Brandenburger Platz. Der jahrelange Leerstand hatte den eindrucksvollen Gebäuden stark zugesetzt.

Dabei waren die Gründerzeithäuser mit dem herrschaftlichen Park vor der Tür einst eine begehrte

Keine Kriegsruinen, sondern DDR-Altbausubstanz im Jahre 1990.
Im vorderen Ladenlokal befand sich zuletzt das Cottbuser Verkehrsbüro

Wohnlage. Doch der früher nach Kaiser Wilhelm benannte Platz veränderte zu DDR-Zeiten nicht nur seinen Namen, sondern auch sein Gesicht. Der Cottbuser Busverkehr bestimmte das Geschehen. Von hier fuhren täglich zahlreiche Busse in die Region.

In den 1960er-Jahren beschloss die DDR-Regierung, Cottbus als „sozialistische Musterstadt" umzubauen. Der schleichende Zerfall der alten Bausubstanz passte den sozialistischen Stadtplanern dabei nur zu gut ins Konzept. Denn in der Planwirtschaft war bei nur symbolischen Mietpreisen und ständigem Mangel an Baumaterial an eine Sanierung der Altbauten überhaupt nicht zu denken. Die Häuser am Brandenburger Platz blieben letztendlich vom Abbruch verschont. Nach der Wende wurden die Gründerzeitbauten schnell saniert. Dort, wo bis Mitte der 1980er-Jahre das Verkehrsbüro anzutreffen war, bedient mittlerweile ein Friseur seine Kundschaft. Heute ist der Platz wieder grün und als Wohnlage sehr beliebt.

Die umfangreiche Sanierung der Gründerzeithäuser hat sich gelohnt. Der Brandenburger Platz ist als Wohnlage sehr begehrt

BAD FREIENWALDE MARKTPLATZ

Dach weg

Die kleine Stadt, ganz im Osten Brandenburgs gelegen, kann mit einer ganzen Reihe von Superlativen aufwarten. Sie ist das älteste Kurbad im Lande: 1684 entdeckte man die Heilkraft der „Kurfürstenquelle". Sie ist das nördlichste Skisprungzentrum Deutschlands, mit gleich vier

Schanzen. Und sie weist im Stadtgebiet stolze 150 Meter Höhenunterschied auf – für Brandenburg sehr ungewöhnlich.

All dies hat Bad Freienwalde nicht davor bewahrt, in DDR-Zeiten mehr und mehr zu verfallen. Die

Trist und trostlos präsentierte sich
der Marktplatz in den 1980er-Jahren

klassizistisch geprägten Häuser am historischen Marktplatz verloren von Jahr zu Jahr an Farbe und Flair. Das dominierende Gebäude an der Ecke Karl-Marx-Straße verlor sogar den Dachgiebel: In den 1970er-Jahren wurde der morsche Giebel abgetragen und durch ein billigeres Flachdach ersetzt. Das Kaufhaus „Kontakt" zog ein – zur Verschönerung des Platzes trug das nunmehr gesichtslose Gebäude nicht bei.

Unmittelbar nach der Wende wurde damit begonnen, die städtebaulichen Missstände zu beseitigen. Mit großem Aufwand wurden die histo-rischen Häuser restauriert, die Straßen neu gepflastert, die Innenstadt begrünt, das ehemalige „Kontakt"-Kaufhaus von Grund auf saniert. Und Bad Freienwalde ist wieder ein begehrtes und staatlich anerkanntes Moorheilbad.

Kurstadt mit Flair – sogar das ehemalige Kaufhaus hat sein Spitzdach zurückerhalten

HERZBERG (ELSTER) SCHIEFE ECKE
Rosa Haus mit schwarzem Dach

So berühmt wie der Schiefe Turm von Pisa ist das Gebäude zwar nicht. Aber im brandenburgischen Landkreis Elbe-Elster ist es dennoch eine Attraktion: Die Schiefe Ecke von Herzberg in der Torgauer Straße 29.

Das zweigeschossige Eckhaus wurde 1840 als Fachwerkgebäude errichtet. Zunächst wohnte ein Tischler drin, seit 1897 war es eine Gaststätte. 20 Jahre später hatte sich der Giebel wegen des weichen Untergrunds einen halben Meter vorge-

Der ehemalige Landgasthof „Zur Schiefen Ecke" war zur Zeit der Wende unbewohnbar. Er stand von 1988 bis 1995 leer

neigt. Die Kneipe erhielt den treffenden Namen „Zur Schiefen Ecke".

Dorf- und Kleinstadtlokale hatten es während der letzten Jahre der DDR schwer – für Renovierungen war selten Geld da. Auch das Lokal „Zur Schiefen Ecke" musste 1988 dicht machen, sieben Jahre waren Holzbock und anderes Getier die einzigen Bewohner des maroden Gebäudes. Die unteren Tragebalken faulten weg, Decken brachen ein und verstärkten noch die Schiefstellung des alten Hauses.

Nach der Wende wurde die Stadt Herzberg in das Förderprogramm „Städtebaulicher Denkmalschutz" aufgenommen. Fast 200.000 Euro Zuschuss erhielt Dieter Schulze, der Käufer der „Schiefen Ecke" – ein Drittel der notwendigen Renovierungskosten. Im Gegenzug musste er das alte Fachwerk erhalten und auch die merkwürdige historische Farbgestaltung übernehmen. Er trug's mit Fassung: „Ein rosa Haus mit schwarzem Dach, wer hat das schon?"

Der Giebel blieb schief, das Fachwerk wurde freigelegt, die Fassade rosa gestrichen – wie es 1840 dem Bauherrn gefallen hatte

BEESKOW SANKT-MARIEN-KIRCHE

Fünf Jahrzehnte eine Ruine

Die Kreisstadt Beeskow liegt etwa 80 Kilometer südöstlich von Berlin. Sie ist das Zentrum des Landkreises Oder-Spree. Gegründet wurde die Stadt im 13. Jahrhundert, der historische Stadtkern und die Stadtmauer sind noch weitgehend erhalten und kurz nach der Wende saniert worden. Im Zentrum der 9.000-Einwohner-Stadt reckt die

trutzige Sankt-Marien-Kirche wieder ihren spitzen Turm in den Himmel. Das monumentale Bauwerk im Backsteingotikstil ist eine der größten Kirchen in der Mark Brandenburg.

Von 1380 bis 1511 wurde die Sankt-Marien-Kirche auf einem Vorgängerbau errichtet. Einige Feu-

Die 500 Jahre alte Backsteinkirche überragte bis 1991 als ausgebrannte Ruine den Marktplatz

ersbrünste zogen die Kirche im Laufe der Jahrhunderte immer wieder in Mitleidenschaft. Als im April 1945 Sankt Marien mit schwerer Artillerie angegriffen wurde, brannte sie vollständig aus. Die Ruine stand bis 1990 als Mahnmal im Stadtkern von Beeskow, lediglich ein Seitenschiff wurde 1951 zur Notkirche ausgebaut. Das Gotteshaus teilte damit das Schicksal zahlreicher Kirchen östlich der Elbe.

Nach dem Ende der DDR traf die Kirchengemeinde den Beschluss, Sankt Marien wieder aufzubauen. Mit der Instandsetzung der Westfassade des monumentalen Kirchenbaus im Jahre 1991 begann die Sanierung. Im Jahr 2002 bekam die Kirche die weit ins Land hinein sichtbare Turmspitze zurück. Die mittelalterliche Stadt, idyllisch an der Spree gelegen, ist wieder zu einem begehrten Touristenziel geworden.

Inzwischen hat die Kirche nicht nur ihre Spitze zurück, auch das gewaltige Kirchenschiff wurde wieder errichtet. Die Häuser am Markt sind ebenfalls komplett restauriert

LUCKAU AM MARKT 22

Die alte Apotheke

*1969 war die Fassade der Apotheke letztmalig renoviert worden,
ab 1983 stand das Haus als Ruine am historischen Marktplatz*

Seit 1778 stand am Marktplatz in Luckau eine Apotheke – bis 1983. Da musste das Haus geräumt werden – es galt als einsturzgefährdete Ruine. Der Abriss war längst genehmigt, aber keiner fühlte sich zuständig.

In den 1990er-Jahren ist ein großer Teil der schönen Altstadt von Luckau grundlegend restauriert worden – darunter die Gebäude am historischen Marktplatz. Auch die Löwenapotheke, eines der geschichtsträchtigsten Häuser der Stadt, wurde gerettet. Heute beherbergt das Gebäude zwar keine Apotheke mehr, aber mehrere Wohnungen und ein Büro.

Seit der Wende hat sich auch das Umfeld von Luckau grundlegend verändert. Die Braunkohle-Tagebaugruben wurden geschlossen. Langsam erobert die Natur die zerstörten Flächen zurück – unterstützt von der Heinz-Sielmann-Stiftung. Die stillgelegten Gruben laufen mit Wasser voll, eine Seenlandschaft entsteht.

Die barocke Eichentür und das Apothekensymbol von 1743 wurden in das restaurierte Haus wieder eingefügt

ALT PLACHT DORFKIRCHE
Dank an Vater Merkel

Schon der Name auf den Wegweisern stimmt romantisch. Und wirklich: Das „Kirchlein im Grünen" befindet sich an einem verwunschen wirkenden Ort in der Uckermark. Die Fachwerkkirche steht mitten im Wald und wird von mächtigen, 500 Jahre alten Linden wie auf einem Gemälde umrahmt.

Im 17. Jahrhundert fanden Hugenotten aus Frankreich in der Uckermark ihre neue Heimat. Sie gründeten das Dorf Alt Placht rund um einen Gutshof. 1758 brannte der Flecken nieder, nur die kleine Fachwerkkirche widerstand den Flammen. Das Gutsgelände wurde später aufgeforstet

Verfallen, ausgeraubt, von Stützbalken am Einsturz gehindert: das 400 Jahre alte „Kirchlein im Grünen" 1989

und zum Jagdgebiet „Kleine Schorfheide" erklärt. Die Kapelle verfiel, bot in den 1970er-Jahren ein Bild der Verwahrlosung und Verwüstung. Alles von Wert war entwendet worden. Die noch vorhandene Bronzeglocke wurde an das Elisabeth-Stift in Berlin verkauft. Ein Gutachten des DDR-kirchlichen Bauamtes beschied schließlich, „diesen Schandfleck baldmöglichst zu beseitigen". Aber selbst dazu fehlten die Mittel. 1989 drohte die Kirche endgültig zusammenzubrechen.

Das Kleinod fiel schließlich Touristen auf, die einen Förderverein für den Wiederaufbau ins Leben riefen. Gründungsmitglied war der Pfarrer und Kirchenfunktionär Horst Kasner, der Vater von Angela Merkel. Er arbeitete seit 1954 in der benachbarten damaligen Kreisstadt Templin. Die Deutsche Stiftung Denkmalschutz spendierte einen größeren Betrag zur Rettung der vier Jahrhunderte alten Kapelle.

Der erste Gottesdienst konnte 1994 gefeiert werden. Ein Jahr später fand auch die Bronzeglocke den Weg zurück an ihren angestammten Platz im hölzernen Turm.

Frisch gestrichen und mit einem neuen Reetdach versehen – die alte Hugenotten-Kirche in der Uckermark lockt wieder Besucher zum stillen Gebet

KÖNIGS WUSTERHAUSEN MUSEUM

Des Königs Forstamt

Der Name der Kreisstadt im Berliner Süden stand einst auf vielen alten Radiogeräten: In Königs Wusterhausen – häufig KW genannt – stand Deutschlands erster Rundfunksender. Viel ist davon nicht übrig geblieben.

Aufwendig restauriert wurde dagegen die Innenstadt und das Schlossensemble, das von den Preußenkönigen im 18. Jahrhundert angelegt worden war. Hierzu gehört auch die königliche Forstverwaltung. Das 200 Jahre alte Gebäude

2001: Vom königlichen Prunk des alten Forsthauses ist nichts mehr zu erkennen

beherbergt seit 1996 das Heimatmuseum – damals war es indes noch in einem erbarmungswürdigen Zustand. Die Volkspolizei, die nach 1945 das Haus übernommen hatte, pflegte es ebenso wenig wie ihr Nachmieter, der Staatssicherheitsdienst.

Nach der Wende übernahm die Stadtverwaltung das Gebäude und zog mit einigen Ämtern sowie der Stadtbibliothek ein, sie stellte sechs Räume dem Heimatverein der Stadt Königs Wusterhausen und Dameland zur Verfügung. Zwischen 2001 und 2006 kamen endlich auch die Maurer und

Maler. In zwei Bauabschnitten wurde aus der grauen Beinahe-Ruine ein schmuckes weißes Haus mit neuem Dach, neu gestalteter Außenfassade und freundlichem Innenleben. 624.000 Euro kostete das Ganze, die Hälfte davon kam aus Fördermitteln.

Im Heimatmuseum erhalten vor allem Schulklassen praktischen Anschauungsunterricht zur Geschichte ihrer Region. Die Ausstellungen werden von engagierten ehrenamtlichen Mitarbeitern unterhalten.

Seit 2006 strahlt das Heimatmuseum unter neuem Putz und neuer Farbe und erfreut die Besucher mit Ausstellungen zur Geschichte der Stadt

GREIFSWALD ALTER MARKT
Abriss beschlossen

Am Greifswalder Bodden, einer Ostseebucht westlich von Usedom und südlich der Insel Rügen gelegen, steht die alte Universitäts- und Hansestadt Greifswald. Die Geschichte der Stadt, die heute 55.000 Einwohner hat, begann 1199 mit der Gründung des Klosters Eldena. Dessen Ruine inspirierte im 18. Jahrhundert Greifswalds berühmtesten Sohn Caspar David Friedrich (1774–1840) zu vielen Gemälden. 1456 wurde in Greifswald Norddeutschlands zweitälteste Universität gegründet.

Der Abriss der verfallenen Bürgerhäuser am Alten Markt stand 1989 unmittelbar bevor

Das mittelalterliche Stadtbild von Greifswald überstand den Zweiten Weltkrieg ohne Zerstörungen. Am 30. April 1945 übergab der Stadtkommandant Greifswald kampflos an die Rote Armee, um die historisch wertvolle Altstadt zu retten und den Bewohnern weiteres Leid zu ersparen. 45 Jahre später war dennoch ein Großteil der Altstadt zerstört – durch unterlassene Restaurierungen und Abrisse. Über die Hälfte der historischen Bausubstanz ging verloren, Plattenbauten wuchsen im Norden der Altstadt. In den 1980er-Jahren wurde sogar der Abriss der wunderschönen Bür-

gerhäuser am Markt beschlossen, die aus den Epochen der Gotik, der Renaissance und des Barocks stammen. Die Wende rettete den Marktplatz, der heute wieder als einer der schönsten in Deutschland gilt. Wo vor 20 Jahren nur leer stehende Ruinen und wackelige Absperrzäune zu sehen waren, ziehen heute Restaurants und Cafés Touristen an.

Frische Farben, bunte Schirme vor den Cafés,
lebhaftes Treiben: das gerettete Stadtzentrum

WISMAR SANKT-GEORGEN-KIRCHE
Von Bürgern gerettet

Jahrhundertelang wurde die Silhouette Wismars von ihren gotischen Backsteinkirchen bestimmt – von den Kirchen Sankt Marien, Sankt Nikolai und Sankt Georgen, alle mindestens 700 Jahre alt. Im Krieg dienten die Backsteinkolosse den alliierten Bomberpiloten als Wegweiser. Sie wurden, wie die gesamte Innenstadt der historischen Hansestadt an der Ostsee, schwer beschädigt.

Den Zerstörungen des Zweiten Weltkriegs folgte in der DDR der kalte Krieg des staatlichen Desinteresses. Nur die Nikolai-Kirche im Herzen von Wismar erfuhr in den 1950er-Jahren eine notdürftige Restaurierung. Sankt Marien wurde 1960 bis auf den Kirchturm weggesprengt – angeblich aus Sicherheitsgründen. Sankt Georgen, das größte Gotteshaus der Region, fristete ein Ruinendasein.

1404 wurde der Grundstein für St. Georgen gelegt. Als eine der größten Kirchenruinen Deutschlands stand der gotische Backsteinbau seit 1945 im Zentrum von Wismar

Mehrfach versuchte der Rat der Stadt, Sankt Georgen zu beseitigen. Nur dem Engagement beherzter Wismarer Bürger und einer Stiftung ist es zu verdanken, dass diese Vorhaben nicht umgesetzt wurden. Längst wuchsen aber Bäume im offenen Langhaus, Gräser wucherten auf den Mauerkronen. Wind und Wetter pfiffen durch die offenen Fensterhöhlen und das fehlende Dach und setzten dem monumentalen gotischen Bauwerk erheblich zu. Doch Sankt Georgen überdauerte die DDR-Zeit.

1990 stürzte der Nordgiebel auf eine Häuserzeile und machte eine Entscheidung über das weitere Schicksal der Kirche unausweichlich. Die Deutsche Stiftung Denkmalschutz engagierte sich ebenso wie verschiedene Fördervereine für St. Georgen und die beiden anderen Kirchen. 43 Millionen Euro wurden in die Sanierungen investiert. Bereits 2002 nahm die UNESCO St. Georgen und die Wismarer Altstadt gemeinsam mit Stralsund in die Liste des Weltkulturerbes auf. Aber viel ist noch zu tun – erst 2010 sollen die Bauarbeiten voraussichtlich beendet sein.

St. Georgen war das erste Projekt in den neuen Ländern, das von der Deutschen Stiftung Denkmalschutz betreut wurde. Inzwischen gehört die Kirche als Teil der Altstadt zum UNESCO-Weltkulturerbe

STRALSUND ALTSTADT

Modellstadt

Über 800 einzigartige Kultur- und Naturdenkmäler wurden bislang von der UNESCO zum „Welterbe der Menschheit" erklärt. Seit Juni 2002 zählen auch die „Historischen Altstädte Stralsund und Wismar" zum Welterbe und gelten damit als besonders schützenswert.

Stralsund war im 14. und 15. Jahrhundert ein wichtiges Handelszentrum der Hanse an der deutschen Ostseeküste, annähernd so bedeutend wie Lübeck. Die prachtvollen gotischen Backsteinkirchen und die großbürgerlichen Handels- und Wohngebäude zeugen noch heute von dem

Die Giebelhäuser der Mühlenstraße waren um 1990
kaum bewohnbar, mussten teilweise abgerissen werden

außerordentlichen Reichtum der Hansestadt im Mittelalter. Im Oktober 1944 gingen im alliierten Bombenhagel viele Altstadtstraßen in Flammen auf. Die DDR-Regierung überließ den Rest weitgehend dem Verfall. Nur einzelne touristisch bedeutende Gebäude wurden instand gesetzt, während im Umfeld Plattenbauten emporwuchsen.

Im Herbst 1989, als sich die politische Wende andeutete, war der Verfall der Altstadt sehr stark vorangeschritten. Um rasch sichtbare Zeichen einer Wende auch in der Städtepolitik zu setzen, wurde die Hansestadt bereits Anfang 1990 in das „Modellstadtprogramm" der Bundesregierung aufgenommen und erhielt umfangreiche Fördermittel. In kürzester Zeit sicherte man die historischen Gebäude, um die akute Einsturzgefahr zu mindern, und erarbeitete ein städtebauliches Entwicklungskonzept. Die Sanierung und Restaurierung der Altstadt war 2002 so weit fortgeschritten, dass die UNESCO die Altstadt in die Welterbeliste aufnahm. Eine der schönsten Straßen der Altstadt ist die Mühlenstraße mit ihren Giebelhäusern und Stuckfassaden – ohne die politische Wende ständen dort heute wahrscheinlich Ruinen.

Inzwischen gleichen die schönen Fassaden wieder Straßenzügen anderer Hansestädte wie Lübeck oder Bremen

STRALSUND MÖNCHSTRASSE 38
Das Museumshaus

Das hätte sich das uralte Haus am Rande der Stralsunder Altstadt auch nicht träumen lassen: Fast wäre es jämmerlich zusammengebrochen, aber dann schauten die Restauratoren genauer hin und legten unter dicken Schichten Tapeten, Farben und Mörtel die Spuren einer 700-jährigen Geschichte frei. Das Haus Mönchstraße 38 wurde zum größten Ausstellungsstück des Kulturhistorischen Stadt-Museums.

Um 1320 wurde das typisch norddeutsche Dielenhaus als Wohn- und Handelshaus errichtet. Die Giebelwand steht noch in der einstigen Straßenflucht. Im späten Mittelalter hat man die beiden „Utluchten" als Läden vorgebaut. Die jüngeren Nachbarhäuser orientierten sich an der neuen Straßenfront.

Der Staat übernahm 1951 die Verwaltung der Immobilie, vermietete sie an sieben Familien und renovierte so geringfügig, dass das Haus 1979 baupolizeilich gesperrt werden musste.

Als man nach der Wende das Haus durchsuchte, fand man wertvolle Zeugnisse vergangener Jahrhunderte – Wandmalereien, alte Münzen und 200 Jahre alte Pimentkörnchen. Die neue Erbengemeinschaft gab sich uneigennützig und schenkte das Haus der Deutschen Stiftung Denkmalschutz. Es wurde für 1,5 Millionen Euro saniert und zu einem ungewöhnlichen Museum umgestaltet.

„Betreten verboten" stand seit 1979 an diesem baufälligen Haus. Mitte der 1990er-Jahre begannen die Sanierungsarbeiten

Die Giebelfront sieht wieder aus wie im späten Mittelalter.
Auch die beiden „Utluchten" gab es damals schon –
mit Läden, wie heute

SELLIN (RÜGEN) SEEBRÜCKE

Dreimal zerstört

Das Wahrzeichen des Ostseebades Sellin ist die im Jahre 1906 erbaute Seebrücke. Bis zu dieser Zeit mussten die Urlaubsgäste mit Fischerbooten von den großen Bäderdampfern an Land gebracht werden. Um das Anlanden der Gäste zu erleichtern, errichtete die Gemeinde die über 500 Meter lange Seebrücke. Markenzeichen des Bauwerks wurde das prachtvolle Brückenhaus.

Starke Stürme fügten der Seebrücke mehrfach schwere Schäden zu. 1924 und 1942 wurde sie durch Packeis bis auf das Brückenhaus völlig zerstört. Nach dem Krieg dienten die Brückenaufbauten als Tanzgaststätte. Aber nach den Herbststürmen des Jahres 1971 war Schluss mit lustig: Die Strandpromenade wurde fast völlig zerstört, die Seebrücke musste gesperrt werden.

Seit 1971 war die Seebrücke gesperrt.
Das Brückenhaus wurde 1978 abgerissen

Das verwaiste Brückenhaus verfiel rasant, 1978 wurde es vollständig abgerissen. Für eine Rekonstruktion fehlte in DDR-Zeiten Geld und Interesse. Man musste ja nicht um Kurgäste werben, die „Werktätigen" waren froh, wenn sie einen der wenigen Plätze in den Betriebsferienheimen bekamen.

Mitte der 1990er-Jahre wurden die Baupläne der alten Seebrücke hervorgeholt. Man entschied sich für das historische Vorbild von 1927. Im April 1998 konnte das Bauwerk wieder eröffnet werden. Sellin erhielt damit sein Wahrzeichen und eine Hauptattraktion zurück. Die neue Brücke erhebt sich wieder stolz über dem Meer und bietet ihren Besuchern einen hervorragenden Blick auf die Ostseeküste. Das Brückenhaus hält im Palmengarten und im nostalgischen Kaiserpavillon ein vielfältiges gastronomisches Angebot bereit. Übrigens: Es gibt in Deutschland nur drei Seebrücken mit einem Restaurant. Die Seebrücke Sellin gehört dazu.

Schmuckes Restaurant:
Im wieder errichteten Brückenhaus
speisen die Gäste unter Palmen

SASSNITZ (RÜGEN) FÜRSTENHOF
Neues Capri-Flair

Als im 18. und 19. Jahrhundert die Oberschicht den Erholungsurlaub am Meer entdeckte, verwandelte sich das Fischerdorf Sassnitz im Nordosten von Rügen zum exklusiven Badeort. Die strohgedeckten Fischerkaten wurden zu Pensionen umgebaut, mehrere Hotels entstanden. Typisch für Sassnitz waren damals die kunstvoll verzierten

Holzbalkone. Als „Capri des Nordens" wurde Sassnitz vor dem Krieg beschrieben. Das größte Hotel war der 1901 erbaute „Fürstenhof".

Während der DDR-Zeit wandelte sich das Ortsbild völlig. Die Fischerei wurde industriell ausgebaut, zudem wurde ein neuer, riesiger Fährhafen ge-

1991 war die „Ostseeterrasse" ein schmuckloser Kasten. Zu DDR-Zeiten wurde das Hotel als Betriebsferienheim genutzt

schaffen. Der Tourismus aber ging weitgehend unter. Die Pensionen und Hotels wurden großenteils als Wohnungen für die Arbeiter der Fischindustrie genutzt. Einige Hotels übernahmen Unternehmen oder der Feriendienst des FDGB – durch Beziehungen oder Glück erwischte man als DDR-Bürger einen Urlaubsplatz. Das galt auch für die 1969 eröffnete Bettenburg „Rügenhotel", ein Renommierprojekt der DDR am Sassnitzer Fährhafen. Ansonsten wurde gecampt.

Das Hotel „Fürstenhof", inzwischen zur „Ostseeterrasse" umbenannt, hatte eine sächsische Firma als Betriebsferienheim übernommen. Mangels Sanierung verfielen die Holzbalkone und wurden entfernt.

1998 erhielt Sassnitz den Status eines staatlich anerkannten Erholungsortes. Viele Hotels waren grundlegend restauriert oder neu erbaut worden. Auch die „Ostseeterrasse" erhielt ihre Holzbalkone und den historischen Namen zurück. Das Hotel bestimmt heute wieder das Bild der Sassnitzer Strandpromenade.

Heute hat der „Fürstenhof" seinen alten Namen, das internationale Flair und die typischen Balkone zurückerhalten. Vom benachbarten Bootssteg starten die Ausflugsschiffe zu den Kreidefelsen

SCHWERIN WEINHAUS F. A. WÖHLER

Abriss zu teuer

Schwerin ist mit knapp 100.000 Einwohnern die kleinste Hauptstadt eines Bundeslandes. Zur Zeit der Wende waren es 130.000 – die Hälfte davon lebte im Plattenbaugebiet „Großer Dresch", das die DDR stolz als „landschaftlich schönstgelegenes Neubaugebiet" bezeichnete. Heute hat das Pro-

blemviertel noch 25.000 Einwohner, die Häuser sind teilweise saniert oder wurden abgerissen. Immerhin, die Mieten sind vergleichweise niedrig.

Begehrte Wohngebiete sind dagegen die Altstadt und der benachbarte historische Stadtteil Schelf-

Akute Einsturzgefahr: Die weinselige Kultstätte musste 1983
geschlossen werden. Für den Abriss fehlte das Geld

stadt. In den 1980er-Jahren hatte der Stadtverwaltung das Geld für den Abriss gefehlt – zum Glück für viele ehrwürdige Gebäude und das Stadtbild. Bereits 1994 erhielt Schwerin die Goldplakette der Aktion „Erhaltung des historischen Stadtraumes in den neuen Bundesländern".

Beispielhaft ist die Geschichte des Eckgebäudes Fischerstraße 2 in der Schelfstadt. Es wurde Mitte des 18. Jahrhunderts als Weinkellerei errichtet, hieß bis etwa 1959 „Weinhaus F. A. Wöhler". Damals übernahm die staatliche Organisation HO das Lokal, benannte es in „Weinklause" um. Es

blieb eine Kultstätte der Schweriner. Bis 1983. Da war das Gebäude dermaßen baufällig geworden, dass es wegen akuter Einsturzgefahr geschlossen werden musste.

Ab 1998 nahm sich ein Investor des maroden Gebäudes an, ließ es von Denkmalschutzspezialisten liebevoll und aufwendig sanieren. 2001 wurde das Weinhaus Wöhler unter altem Namen wieder eröffnet.

Weinhandlung, Restaurant, Hotel mit großer Vergangenheit:
Im „Weinhaus F. A. Wöhler" wird seit 2001 wieder ausgeschenkt

HEILIGENDAMM KURHAUS
Internationale Noblesse

Bundeskanzlerin Angela Merkel empfing 2007 in Heiligendamm die Regierungschefs der größten Wirtschaftsnationen der Welt. Der G8-Gipfel machte den ältesten Seebadeort Deutschlands international berühmt. Dabei hatte Heiligendamm, heute ein Stadtteil von Bad Doberan, schon im 18. Jahrhundert einen legendären Ruf. „Die weiße Stadt am Meer", wie sie wegen ihrer hellen Häuser genannt wird, wurde vom mecklenburgischen Großherzog Friedrich Franz I. als erstes Seebad Deutschlands gegründet. Zwischen 1793 und 1870 entstand ein einzigartiges klassizistisches Gesamtkunstwerk aus Bade- und Logierhäusern.

Nach dem Zweiten Weltkrieg nahm die DDR-Regierung das noble Kurbad in ihre „Obhut". Sie richtete dort eine Fachschule für Gestaltung ein. Vor allem aber wurde Heiligendamm zum „Kurbad der Werktätigen", mit einschneidenden Folgen für die Gebäude. Sie wurden teilweise stark umgestaltet und mussten weitaus mehr Gäste beherbergen, als einst geplant war. Es wurde zwar notdürftig renoviert, aber immer war zu wenig Geld da.

1996 erwarb ein Immobilienunternehmen den sanierungsbedürftigen Ortsteil aus Kaiserzeiten. Im Jahr 2000 begannen die Reparaturarbeiten und 2003 fand die feierliche Wiedereröffnung statt. Die sanierten Gebäude übernahm die Kempinski-Gruppe als Grandhotel, das Kurhaus wurde zu einem Feinschmeckerrestaurant nebst Ballsaal. Eine neue Seebrücke wurde errichtet, einige historische Häuser zum Leidwesen vieler Bewohner allerdings abgerissen.

*„Haus Mecklenburg" und das Kurhaus
zur Wendezeit: In den notdürftig renovierten
Häusern war eine Fachschule untergebracht*

*Heute wirbt ein Luxushotel um Gäste.
Bundeskanzlerin Merkel empfing hier 2007 die
Regierungschefs der wichtigsten Industrieländer*

ZINNOWITZ HOTEL ASGARD

Neue Götterburg

Wie an einer Perlenkette reihen sich am Ostsee-strand der Insel Usedom die Badeorte aneinander. Schon Anfang des 19. Jahrhunderts fuhren vor allem die Berliner gerne in die drei Bahnstunden entfernte Sommerfrische. SED-Chef Walter Ulbrich

waren, so sagt ein Gerücht, die gepflegten Hotels und Pensionen ein Dorn im Auge, als er 1953 die Ostseeküste bereiste. Solche Privatbetriebe passten nicht ins sozialistische System. Kurz darauf lief die „Aktion Rose" an. Unter dem Vorwand der

Unkraut wucherte, die Wände bröckelten: Das ehemalige
„Baltische Haus" war zur Wendezeit eine unbewohnbare Ruine

Wirtschaftskriminalität wurden viele Hotelbesitzer verhaftet und enteignet. Ihre Häuser übernahm größtenteils der DDR-Gewerkschaftsbund FDGB. Die Ferienplätze waren begehrt und billig – für Instandsetzungsarbeiten blieb kein Geld übrig.

Den Besitzern des Hotels „Baltisches Haus" konnte weder das Horten von Lebensmitteln noch ein sonstiges „Vergehen" vorgeworfen werden. Sie durften das Hotel behalten. Es wurde zum Wohnhaus für 14 Familien. Bei den geringen Mieteinnahmen blieb für Renovierungen nichts übrig, die Familie verkaufte 1981 an die Kreisverwaltung. Seither stand das einstige Hotel leer und verfiel.

1991 erwarb Familie Lippmann die Ruine von der Gemeinde und baute sie in zehnmonatiger Rekordzeit zum Vier-Sterne-Komforthotel um. Sie nannten ihr Haus „Asgard", nach der Götterburg in germanischen Mythen. Viele andere Hotels an einem der schönsten Strände Deutschlands können ganz ähnliche Geschichten erzählen.

Seit 1993 werden im „Hotel Asgard" an der Zinnowitzer Promenade wieder Gäste fürstlich verwöhnt

BILDNACHWEIS

Der Verlag bedankt sich für die freundliche Unterstützung bei folgenden Fotografen und Agenturen:

Titel:
Klapper, Werner (l.o., r.o.)
SES mbH (l.u., r.u.)

Rücktitel:
Plauen, Stadtverwaltung (l.o., r.o.)
Deutsche Stiftung Denkmalschutz/M.L. Preiss
  Bonn (2. von oben l.)
Triptis, Stadtverwaltung (2. von oben. r.)
Schmidt, Robert (3. von oben, l. und r.)
Thomes, Matthias (l.u.)
Picture-Alliance/ZB/Ralf Hischberger (r.u.)

Archiv des Stadtplanungsamtes der Universitäts-
und Hansestadt Greifswald 142
b p k, Bildagentur für Kunst, Kultur und Geschichte,
  Norbert Ludwig 104
Bad-Freienwalde, Stadtverwaltung (Texdorf/Voigt) 130, 131
Binder, Peter, Greifswald 143
Brandenburg an der Havel, Denkmalschutz
  (Brandenburgisches Landesamt für Denkmalpflege) 122
Bücken, Rainer 99
Büro für Stadtentwicklung, Dr. Karola Hentschel,
  Arnstadt 12, 13
Demme, Dieter 24, 25, 26, 27
Deutsche Stiftung Denkmalschutz/M.L. Preiss, Bonn 20, 68,
  69, 70, 106, 107, 138, 139, 148, 149
Foto Salge 123
Grabs, Kerstin, Stadt Luckau 137
Grundner, Thomas 156/157
Halberstadt, Stadtverwaltung 76, 77
Haseloff, Manfred, Sammlung Bereich Stadtentwicklung
  Potsdam 114
Heimatmuseum Königs Wusterhausen 1990 e.V. 140, 141
Heinicke, Mario 95
Herwarth + Holz, Planung und Architektur 126, 127
Herzberg (Elster), Stadtverwaltung 132, 133
Hirsch, H. 135
Historische Gesellschaft Zinnowitz 158, 159
Höfler, Ulrich, GSW Gesellschaft für
  Stadterneuerung mbH 136
Hübschmann, Claudia 45
Ilmenau, Stadtverwaltung 29
Jena, Bauaktenarchiv 14, 15
Jordan-Jonkmanns, Velka 35
Karhausen Immobilien GmbH 34
Keil, Nikolaus, Weimar 32, 33
Kläber, Thomas 134
Klapper, Werner 78, 79, 80, 81
Knorr, Thomas 59
Krentzien, Wulf 152, 153
Kühne, Armin, Leipzig 36, 38, 40, 150, 37, 39, 41, 151

KULTUR-Landschaft Haldensleben-Hundisburg e.V. 71
Landesarchiv Berlin/N.N. 102
Laugisch, Günter 84; 85
Losansky, Heidi 22, 23
Marx, Mathias 109
Metzler, Andree 113, 129
Mörke, Andreas 86, 87
Müller, Rainer 66, 67
Osterwieck, Stadtverwaltung 94
photonet.de/Lehnartz 3, 9, 28, 44, 54, 58, 118, 128, 55, 119

Picture Alliance: akg-images / Gert Schuetz 100; akg-images /
  Herbert Kraft 124; akg-images/Helene Skupy 90; Bildagentur
  Huber/Krammisch 61; dpa 7; dpa 52; dpa/Backhaus-Pohl 60;
  dpa/Michael Hanschke 125; dpa/Rainer Weisflog 56; dpa/Stefan
  Adam 120; dpa/Stefan Adam 121; dpa/Waltraud Grubitzsch
  73; dpa/Wulf Beil 103; HB-Verlag/Marc-Oliver Schulz 91;
  united archives/91070 47; ZB 10, 11; ZB/ddrbildarchiv.de 72;
  ZB/Jens Trenkler 53; ZB/Ralf Hischberger 49; ZB/Ulrich
  Haessler 48; Zentralbild/Kalaene Jens 101

Plauen, Stadtverwaltung 42, 43
Potsdam, Stadtverwaltung, Barbara Plate 115
Prinz von Preussen Grundbesitz AG 110, 111
Salzwedel, Stadtverwaltung 74, 75
Schmidt, Robert 88, 89
Schneider, Günter 96, 97, 105, 112
Schröder, Hans-Georg 16, 17
Schuck, Maik 18, 19
Schwerin, Stadtverwaltung 154, 155
SES mbH 146, 147
Sondershausen, Stadtverwaltung,
  Büro Rittmannsperger + Partner (Erfurt) 30, 31
STEG Stadtentwicklung GmbH 62, 63
Stiftung „Fürst-Pückler-Park Bad Muskau" 57
Stiftung Preußische Schlösser und Gärten
  Berlin-Brandenburg (Fotograf: Eggeling 116,
  Roland Handricks 117)
Thomes, Matthias 46
Treuenbrietzen, Stadtverwaltung 108
Triptis, Stadtverwaltung 21
Vehling Verlag 98
Vetter, Michael 64, 65
Volster, Hanjo 144, 145
Wagner, Walter 50, 51
Wernigerode, Stadtverwaltung 82, 83
Winkelmann, Johannes – Cranach-Stiftung 92, 93